KB129607

그럴 수 있어야 기업이다

디자인적 마케팅 경영 계발서

그럴 수 있어야 기업이다

초 판 1쇄 2021년 10월 13일

지은이 표병선
펴낸이 류종렬

펴낸곳 미다스북스
총괄실장 명상완
책임편집 이다경
책임진행 김가영, 신은서, 임종익, 박유진

등록 2001년 **9**월 **22**일 제**2001-000040**호
주소 서울시 마포구 양화로 133 서교타워 711호
전화 02) 322-7802~3
팩스 02) 6007-1845
블로그 **http://blog.naver.com/midasbooks**
전자주소 **midasbooks@hanmail.net**
페이스북 **https://www.facebook.com/midasbooks425**

ISBN 978-89-6637-970-5 03320

값 **17,500**원

ΛSIΛRO Series No.4

디자인적 마케팅 경영 계발서

그릴수 있어야 기업이다

The Company that can Draw a Vision

표병선 지음

미다스북스

잊고 지냈던 그간의 시간들이
미안하고 무색할 만큼 멋진 모습이었습니다.
헌데, 때때로 심한 성장통을 앓았던 모양입니다.
어두운 터널 속에 수 없이 갇히기도 했었나봅니다.

<좋은아침> 마음 위에 쓰는 글 중에서

프롤로그

우리는 꿈을 꿉니다

그런데, 그 꿈을 이룬 사람들은 얼마나 될까.

서서히 잊혀져 갔던 꿈들, 그 꿈을 다시 희망으로 만들어가는 사람들이 있다면 가까이에서 보고 싶었다. 하지만 성공한 기업들은 손을 뻗어도 닿을 수 없는 곳에 있는 특별한 그룹이었다. 그저 성공 신화의 주인공들처럼 현실감 없는 영웅들 이야기 같았다.

그래도, 모두가 각자 영역에서 자신의 꿈을 이루기 위해 노력한다. 그 꿈들은 잡힐 듯 눈 앞에 아른거리다 신기루처럼 사라진다. 수많은 사람

희망의 씨앗

계절은 겨울의 막바지를 향해 달려가지만
여전히 살갗을 엘듯
차가운 바람이
얼굴을 할퀴고 지나갑니다.

청운의 꿈을 안고 찾아온 이곳.
드넓은 땅은 내 작은 몸
비집고 들어갈 만큼
넓지 않습니다.

이 겨울,
찬 바람에 온기 없는 땅 밑에는
싹 틔울 준비로 분주한
씨앗이 있듯
어머니땅 떠나온
외로운 가슴에도
반드시 찾아올
봄날을 준비하며
희망의 씨앗 하나
뿌리내립니다.

두려운 것은 외로움이 아니라 희망을 잃어버리는 것입니다. INP.

글 박진영 / **일러스트** 표병선

들의 중국 도전기는 이렇게 매듭이 지어지곤 했다. 이 안에서 여전히 꿈을 꾸는 이들과 마주하기도 한다. 그들이 진짜다. 한국에서 중국으로, 중국에서 아시아로 향한 꿈을 그려가는 그들의 이야기를 나누고 싶었다.

2005년 베이징 공항에 내렸다. 당시 한국은 기회는 많다고 하지만 그 기회가 모든 사람에게 주어지지는 않았다. 어디서 기회를 찾고, 기회를 찾았다고 한들 어떻게 풀어야 할지 알 수 없었다. 당시 한국의 많은 청년들의 숙제는 기회를 찾아 도전하는 것이었다. 삼십 대 후반, 나의 중국 도전은 그런 이유에서 시작되었다. 막연하지만 꿈을 이룰 수 있을 것 같은 새로운 출발지, 중국 대륙은 나에게 뭐든 될 것 같은 기대감에 찬 그런 곳이었다.

한국에서 느낀 막막함과 답답함을 중국에서 풀고 싶었다. 새롭게 경험하고 도전하면 어떤 것이든 만들어갈 수 있지 않을까? 환경이 바뀌면 태도와 마음가짐도 자연스럽게 바뀔 것이라는 생각을 하며 나의 도전은 시작됐다. 이렇게 베이징을 거쳐 상하이로, 중국 빅2 도시에서 17년째 살고 있다. 직업적 특성상 정말 많은 업체들을 만났다. 승승장구하던 대기업 관계자들, 중국업체들과 경쟁하는 중소업체 대표님들, 교민시장에서 최고가 되겠다는 자영업 사장님들…. 중국에서 보낸 시간만큼 많은 굴곡을 경험했고, 몸부림치다 만만치 않은 중국 시장에서 백기를 들고 한국으로 돌아가야만 했던 분들도 수없이 지켜봤다.

작은 성공을 만들어가는 사람들이 있다. 지금, 중국에 도전하려는 사람들에게 모범 사례가 될 그들은 어떻게 성공을 이뤄갔을까? 그들의 생각이, 경험이, 노하우가 도전하는 이들에게 도움이 됐으면 좋겠다. 자극이 되어 꿈을 향해 한 발짝 나아갈 수 있는 계기가 됐으면 좋겠다.

중국에서의 성공을 위해 많은 것을 포기하고 도전했던 시간들, 이곳은 눈물 없이 걸을 수 없었던 곳이었다. 선배들이 돌밭을 치웠다면 우리는 나무를 심기 시작했다. (사실상) 그린카드가 없는 중국은 언제나 이방인처럼 살아갈 수밖에 없는 곳이다. 이미 불리한 출발점에서 경쟁이 시작된다. 어떻게 하면 출발점을 옮겨놓을 수 있을까. 부족한 현재 상황을 어떻게 채워갈 수 있을까. 중국에서 비즈니스를 하는 동안에는 풀어내야만 하는 수많은 미션들이 늘 따라다닌다.

중국이 던진 그 어려운 미션들을 풀어내고 꿈을 향해 나아가는 사람들을 만났다. 중국 대륙에서 신화를 창조한 주인공이 아닌 우리 이웃들이다. 그 평범한 이들이 만들어가는 비범한 이야기, 그것은 각자도생이 아니라 '연합'으로 하나된 꿈을 그려가는 이야기다. 혼자 꾸는 꿈보다 수월하게 그 꿈을 지어간다. 그들의 이야기가 작은 씨앗이 되고, 묘목이 되고, 숲을 이루는 밑거름이 되길 소망한다.

그리고, 꿈을 구체적으로 그려가는 언더백 기업들, 각자가 그리고 싶은 대로가 아닌 회사와 리더와 직원들이 한 방향으로 꿈을 그려가는 사례들, 한 기업의 꿈이 하얀 캔버스에 그리는 대로 이뤄졌던 놀라운 일들에 관한 이야기를 많은 사람들과 나누고 싶다. 함께 꾸는 꿈, 같이 만들어가는 기쁨이 얼마나 가치 있는 것인가를 널리 전하고 싶다. 기업이라면 꿈을 그릴 수 있어야 한다는 확신이 들게 했던 중국에서의 17년 경험들을 표아트의 시선으로 나눈다.

그동안 발로 뛰며 애썼던 가족들이 있었기 때문임을,
따끔한 충고와 격려를 아끼지 않았던
한 분, 한 분, 소중한 여러분이 계셨던 덕분임을 잘 압니다.

<좋은아침> 마음 위에 쓰는 글 중에서

목 차

PART 4 디지털 전환시대, 디자인 마케팅의 혁명

PART 5 그릴 수 있어야 기업이다

PART # Blueye Story

상하이저널 창립 기념 일러스트

중국 비즈니스 17년의 노력과 진심

2009년 표아트를 만난 것은 상하이저널에 큰 행운이다. 디자인 분야에서 자타 공인 상하이 No1. 표아트는 상하이저널 편집디자인의 수준을, 브랜드 가치를 높여줬다. 상하이저널 고객뿐 아니라, 중국시장에 도전한 상하이저널의 고객들, 여러 한인 업체들의 디자인 마케팅에 함께하며 그들의 성장을 도왔다. 동년배인 표아트의 한결같은 에너지의 원천이 궁금했다. 이 책에 그 비밀이 들어 있다. 중국 비즈니스 17년간 자신의 꿈을 그리고, 다른 사람(기업)의 꿈을 돕는 표아트의 노력과 열정이 한 눈에 들어온다. 리더들을 향한 일침, 중국 비즈니스 브랜딩에 필요한 덕목들, 애정 가득한 표아트의 진심을 읽을 수 있다.

– 상하이저널 오명 대표

꾸준함의 가치를 배운다

꾸준함을 이길 그 어떤 재주도 없다는 명언을 보여준 사람이다. 식을 줄 모르는 열정과 아이디어, 그 꾸준함이 지금의 비범함을 만들어냈다. 17년 중국 생활 동안 수많은 한인 업체에 브랜드를 입혔다. 표아트의 손을 거치면 마법처럼 그 가치가 더해졌다. 표아트는 또 디자이너의 선입견과 디자인 영역의 한계를 없애줬다. 일러스트 작가, 캘리그라피 작가, CI 제작자, 사진작가, 그래픽 디자이너, 인테리어 디자이너, 브랜드 마케터, 기업 컨설턴트, 이제 '책 쓰는 디자이너.'라는 부캐까지 얻었다. 12년째 그와 같은 공간에서 일하면서, 표아트 자신을 디자인하고 브랜딩하는 과정을 목도했다. 꾸준함의 가치, 디자인 마케팅의 힘을 배운다. 중국 내 한인 중소 업체들의 브랜드 이야기를 담은 유일한 책, 중국에서 성장을 원한다면 『그릴 수 있어야 기업이다』가 그 시작이 되어줄 것이다.

– 상하이저널 고수미 국장

표아트의 브랜드 가치는 상승세

중국에서 수년 간 컨설팅 디자인을 해온 표아트의 디자인적인 철학과 덕목들을 봤다. 상하이저널 디자인센터뿐 아니라 맞춤형 컨설팅과 이미지 밸류업을 보면서 큰 인상을 받았다. 회사가 지녀야 할 철학들을 하나하나 시각적으로 표현하는 것이 좋았다. 단순히 디자인적인 것뿐 아니라 철학을 담은 가치를 하나씩 보여줬다. 디자인에 브랜드 가치를 넣어서 회사 가치를 높여주는 탁월함이 있는 디자이너다.

2019년부터는 모바일 시장에 디자인 가치를 높였다. 상하이 지역뿐 아니라, 베이징(北京), 칭다오(青岛), 톈진(天津)에서 오프라인에 강화시켰던 부분을 모바일 시장에도 그대로 적용해 온라인 시장에 눈을 뜨게 했고, 전국구 스타가 됐다. 연결과 연합으로 상하이 파트너사와 위챗 플랫폼과 관련해 사업이 긴밀하고 활발하게 진행되고 있음이 각별하다.

표아트의 브랜드 가치, 표병선의 개인적인 가치가 많이 올라와 있다. 그가 하는 일들이 한국과 아시아에 걸쳐서 다양한 브랜드 컨설팅 브랜드 매니지먼트를 하는 사람으로 자리잡고 있다. 전문 영역의 선배로서 많은 것을 배웠고 협력하는 관계가 됐다. 『그릴 수 있어야 기업이다』 출간과 함께 중국 교민 사회 그리고 한국과 아시아 월드 베스트 디자이너가 되기를 소망한다.

– 한성대학교 예술대학원 뷰티산업융합학과 교수, (주)아시아로(ASIARO) 정운성 대표

디자인적 경영, 중소기업에 중요한 요소

옆집 아저씨 같은 푸근한 인상을 가진 표아트는 처음 만나는 사람도 친구로 만드는 친화력을 가지고 있다. 표아트의 사진, 일러스트, 디자인들은 평범해 보이지만 결코 평범하지 않다.

책의 주제인 디자인적 경영은 이제 중소기업에도 중요한 요소이다. 중국기업들이 턱밑까지 쫓아온 상황에서 우리 중소기업들의 경쟁력은 디자인에서 찾아야 할 것 같다.

표아트의 노하우가 담긴 이번 책이 포스트코로나 시대를 맞이하는 우리 중소기업에 나침반 역할을 하리라 기대한다. 현실에 안주하지 않고 항상 도전하는 표아트에 박수를 보낸다.

– 청도중소벤처기업진흥공단 김상구 센터장

표아트의 17년 중국 경험의 축쇄판

표아트는 가장 가까운 곳에서 동역하는 동료들부터 기쁘고 즐거운 문화가 만들어질 수 있도록 11년의 시간 동안 여러 분야에서 리드해주었다. 내가 하고 있는 이 일이 나의 꿈에 더 가까이 가기 위한 과정이 될 수 있도록, 내가 좋아하는 일들로 이것만 하면 에너지가 올라가는 일이 될 수 있도록, 내가 삶을 살면서 하나님께서 나에게 이런 사명을 주셨다고 하는 목적을 가지고 임할 수 있도록, 누군가에게 이 일이 유익한 일이 될 수 있도록 나침반이 되어주었다.

표아트는 또 회사를 운영하면서 도달하고자 하는 꿈과 비전의 목적지를 나 혼자 알고 있는 것이 아니라 모든 직원이 같은 마음을 갖도록 해주었다. 현재도 실질적인 수익을 위한 프로젝트 기획에도 참여하며 균형적인 리더십으로 성과에 이르기까지 동행하고 있다.

블루아이와 함께했던 시간들과 『그릴 수 있어야 기업이다』 책 발간은 표아트가 중국에서 걸어왔던 인생의 축소판이 아닐까 생각한다. 기업인뿐만 아니라 꿈을 꾸는 모든 이들에게 일독을 권한다.

– 블루아이(Blueye) & 중국코리아부동산 배양희 대표

일하는 즐거움을 아는 사람

표아트와의 첫 만남은 2019년 여름, 한국인 친구들과 상하이에서 캄보디아의 수도 프놈펜에 도착했을 때였다. 그의 피부는 하얗고 어깨에는 여행 가방을 둘러메고 있었다. 많은 말을 하지 않았지만 두 눈이 반짝였던 것이 그가 나에게 남긴 첫인상이다. 1년 후, 전 세계가 코로나 발생으로 중국에 있는 시간이 많아지다 보니, 상하이에서 만날 기회가 있었다. 프로젝트를 함께하는 팀들과 회의를 하면서 변화되는 상황을 토론할 때 표아트가 일하는 방식과 그때그때마다 마음을 다해 집중하는 한마디 한마디에는 여유로움과 더불어 활기가 넘쳐났다. 그때 알게 됐다. 표아트는 즐거운 영혼을 지녔으며, 일하는 즐거움을 아는 사람이라는 것을. 그래서 그의 책이 더욱 궁금해졌다.

- 嘉信联行 代表 高黎 & 廖俊

우리의 우정이 영원히 변치 않기를, 또한 기업인들이
생각하는 대로 그려지는 멋진 비즈니스가 되기를 축복합니다.

中国三星
三星新经营
变化先从我做起
SAMSUNG
Samsung
三星新经营
变化先从我做起
We will devote our human resources and technology to create superior products and services thereby contributing to a better global society
Philosophy
SAMSUNG

삼성 신경영(三星新经营)

PART 01

지금은 **브랜딩 시대**

누가 '나'의 이름을 불러주기 전에는

리더가 변해야 브랜드가 사랑 받는다

브랜딩! 오래 오래 잘하기

몰라서 못 하는 경영자보다

아는데 실행하지 않아서 성장하지 못하는 기업이 많은 이유

"리더는 다 알고 있다. 다만 하지 않았을 뿐."

photo_ 난징동루(南京东路172号) 카카오프렌즈

SHANGHAI

KAKAO FRIENDS
KAKAO FRIENDS
KAKAO FRIENDS
KAKAO FRIENDS
KAKAO FRIENDS
KAKAO FRIENDS
KAKAO FRIENDS

가슴이 뛴다_26번째 푸른이야기

01

누가 나의 '이름'을 불러주기 전에는

모든(다수의) 기업은 좋은 인재를 원하고,
모든(다수의) 인재는 좋은 기업을 원한다.

나를 브랜딩한다는 것

아이가 태어나면 우리는 아이에게 어떤 이름을 붙여줄까를 고심한다. 몇 글자 안 되는 아이의 이름을 짓기 위해 온 가족이 머리를 맞댄다. 발음하기 좋아야 하고, 뜻이 좋아야 하고, 트렌드에 맞아야 하고, 흔한 이름은 아니어야 하고…. 내 아이만이 갖는, 세상에 없는 그런 이름을 원한다. 임신한 순간부터 출생신고 직전까지 1년을 넘게 신중에 신중을 기한

희망과 만족

세상만사 내 뜻대로 되기가
어려운 줄 알면서도
내 뜻대로 되지 않는 현실에 괴로워합니다.
마침내, 바라던 바를 이루어낸 기쁨도 잠시
새로 움튼 희망사항은 어느새 '만족'을 밀쳐내고
또다시 고달픈 달음박질을 시작하게 합니다.

오늘 아침,
늘 앙상한 가지를 자랑인듯 뻗고 있던
창 밖 나무가 손마다 탐스러운 꽃송이를 들고
인사를 건냅니다.
그러나 새 생명과 함께 찾아온
반가운 눈인사도 잠시,
뒤돌아서는 마음은 다가올
여름 더위 걱정을 하고 있습니다.

그 순간 그 자체를 즐기고 만족했던 때가 있었나 싶습니다. 언제.

글 박진영 / **일러스트** 표병선

다. 태교하는 동안에는 별도 애칭 '태명'도 짓는다. 결혼 전부터 아이 이름을 생각해뒀다는 사람도 있다.

이름에 남다른 의미를 담기 원하는 사람들은 작명소에서 이름을 의뢰한다. 할아버지가 직접 내려주기도 하고, 엄마, 아빠가 상의해 이름을 짓기도 한다. 한 생명체에게 이름을 주며 또 다른 생명을 불어 넣는다. 세상에 하나밖에 없는 개인 브랜드는 이렇게 만들어진다. '나'라는 브랜드가 얼마나 가치가 있는지 시작되는 출발점이기도 하다.

그만큼 작명을 한다는 것은 예나 지금이나 한 사람의 인생의 시작 단계에서 그 사람의 미래에 우주의 온 기운을 불어 넣는 중요한 의식과도 같다. 그것이 '브랜드'다. 아이 이름 자체가 그 아이 성장과 함께하는 브랜드인 것이다. 브랜드 마케팅의 시작, 누군가에 의해 내 이름이 불려지도록 하는 것이다.

모두의 관심 속에서 태어나고 이름 지어진 한 사람은 본능적으로 사랑받기 위해 애쓴다. 어렵게 탄생한 '브랜드'도 마찬가지다. 세상에 인정 받는 기업으로 만들어가는 과정이 필요하다. 이처럼 기업과 상품의 인식 과정을 '브랜딩'이라고 한다. 모든 사람들은 세상에 '나'밖에 없는 브랜드를 갖고 있다. 이것을 어떻게 다른 사람들에게 인식시킬 것인가, 즉 어떻게 브랜딩할 것인가를 무의식 중에 생각하며 살아간다. 어찌 보면 태어나서부터 죽을 때까지 모든 것이 '브랜딩'인 것이다.

그런데 우리는 노력과 과정에 비해 결과가 좋은 사람을 가끔 본다. 또는 어떤 개인적인 경험을 통해 스스로 자기 자신이 못났다는 편견에 사로잡혀 있는 사람도 만난다. 하지만 잘나고 못난 것과 상관없이 브랜딩

上海 대표교민지 상하이저널

张家港西一新型汽车配件有限公司

上海乐高乐科技有限公司

北京马到成功磁化礼品有限公司

上海考力亚房地产经纪有限公司

韩国 아시아로

上海苏尔特货物运输代理有限公司

第星油压工程机械(上海)有限公司

上海 2012 중국한인 CBMC대회

上海 신아트스튜디오

北京富通海联科技发展有限公司

上海 DHI INTERFACE

上海 대표 G마트

五洲传播出版社 城市漫步杂志〈좋은아침〉

上海 신성투자컨설팅

上海 女装专卖 마리

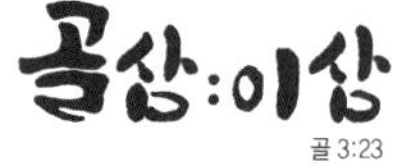

上海 일터 제자를 세우는 성경적 지침서

上海 SONG WOO YARN CO.,LTD. Character

上海 피치사랑(比奇雅)

上海 韩国料理 화로연각

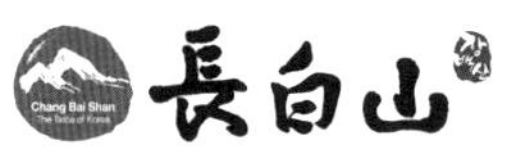

上海 韩国料理 장백산(長白山)

上海 韩国料理 홍동

上海 传统韩国料理 天辅轩

上海 韩国料理 추담골

은 필요하다. 어떤 구간을 정하고 그것을 조금 더 객관화시켜 자신만이 표현할 수 있고 나만의 개성 있는 모습으로 만들어가는 과정은 중요하다. 그 과정이 힘들다고 생각한다면 전문가들의 도움을 받으면 된다. 브랜딩은 어렵지 않다. 유니크한 나를 만들어가는 과정, 우리의 일상 생활에 필요한 모든 것이 브랜딩 과정이라고 보면 이해가 쉽다.

"나의 양은 핫 핑크"

사람들에게 브랜드가 무엇이냐고 물었다. 로고, 제품 이름, 광고, 홍보 등 다양한 답변을 한다. 브랜드의 어원은 노르웨이 고어 'Brandr'로 자신의 가축이나 상품에 소유권을 표시했던 것에서 유래됐다. "이것은 우리 것이다."라며 타인의 것과 차별을 두기 위한 것이었다. 중국 칭하이성(青海省)에 가면 산과 들에 양떼들이 자유롭게 몰려다닌다. 특이한 점은 이곳 양떼들은 무지개 색을 띠고 있다는 것. 마치 문신처럼 하얀 양털에 주황, 파랑, 초록 등 각색의 스프레이를 뿌려놓았다. 멀리서 봐도 '나의 양은 핫 핑크'임을 구분해놓기 위해서다.

'마케팅의 아버지' 데이비드 오길비(David Ogilvy)는 "브랜드는 복잡한 상징"이라고 했다. 어떤 제품의 이름, 포장, 가격, 역사 등을 포함해서 무형의 집합이라는 의미다. '마케팅의 대가' 필립 코틀러(Philip Kotler)는 경쟁 그룹의 제품이나 서비스와 차별화하기 위해 만든 "명칭, 표지, 디자인 등을 배합한 것."이라고 표현했다.

제품이나 서비스를 경쟁사의 것과 차별하기 위해 만든 느낌이나 인식

매물이를 애타게 찾습니다!
많은 고객님들께서 긴급히 '매물'이를 찾고 있으나 제 힘만으론 역부족이라
홍첸루(虹泉路)에 사시는 분들의 도움을 구합니다!

중국코리아부동산 광고 일러스트

을 브랜드라고 칭하기도 한다. 이전에는 제품에만 국한됐다면 이젠 '국가 경쟁력'이나 어떤 '아이돌 그룹'의 이미지가 가장 좋은지 평판 조사도 하는데 이것도 브랜딩과 관련이 있다. 각 분야의 제품뿐 아니라 기업선호도 조사를 통해 발표도 한다.

세상의 모든 일이 브랜딩이다

개인이나 기업들이 브랜딩을 할 때 어떻게 하는 것이 효과적일까. 다른 사람의 마음을 잘 읽고 대응해주는 '공감(Empathy)' 능력이 높은 사람들이 있다. 반면, 타인과의 소통은 전혀 없이 자신만의 브랜딩을 하고 있는 사람들을 종종 본다.

중국의 위챗(WeChat), 한국의 카톡 단체방에 다양한 방식으로 광고나 정보들을 올린다. 올리는 글에는 개인 성향이 뚜렷하게 나타난다. 그들은 친절을 베풀고 있고 이 모든 것이 상대를 위한 것이라고 생각한다. 상대방도 나와 같은 것이라 단정짓는다. 그러다 보니 같은 내용을 쉼 없이 수시로 올리고 또 올린다. 광고도 정보가 될 때도 있지만 컨셉트도 없고, 유익하지도 않는데다 정리까지 덜된 광고는 공해다. SNS에 떠다니는 예쁜(?) 쓰레기에 불과하다. 올리는 사람 개인의 브랜딩, 올라온 제품이나 업체 브랜딩에서 철저하게 실패한 경우다. 정작 본인만 모르고 그 단체방에 있는 모든 사람들이 다 안다.

지인이 초대한 식사 자리에 갔다. 각자 '좋아하는 음식'이 무엇인지를 물어보게 됐다. 초대한 사람이 좋아하는 음식은 초대 받은 모두가 맞췄

어느 늦깎이 성공신화_상하이저널 칼럼 일러스트

다. 그런데 평소 자신보다 상대방 취향에 맞춰왔던 사람이 좋아하는 음식은 아무도 못 맞혔다. 내가 좋아했고 모두가 좋아했으니 그 사람도 당연히 좋아하고 있다고 입력된 것이다. 브랜딩으로 치자면, 자기 표현을 제대로 하지 못한 실패한 브랜딩 사례다.

요즘 예능은 부캐(부 캐릭터) 전성시대다. 퍼스널 브랜딩에 대한 관심이 높은 시대에 살고 있다. 소속된 회사가(단체)가 아닌 개인 역량이 브랜딩인 시대가 됐다. 대통령 선거를 앞두고 각 정당과 정치인들도 브랜딩 전략을 펼친다. 세상의 모든 것이 브랜딩인 시대, 나와 우리 기업은 어떤 브랜딩 전략을 갖고 있나?

내 브랜드를
늘 들여다 보고 사랑해주세요.

절망적인 순간에 오히려 고개를 치켜드는 용사들에게 희망이 찾아옵니다.

약한 자에겐 없는 것이 희망입니다_25번째 푸른이야기

02

리더가 변해야 브랜드가 사랑 받는다

명확한 목적이 있는 사람은
가장 험난한 길에서조차도 앞으로 나아가고,
아무런 목적이 없는 사람은
가장 순탄한 길에서조차도 앞으로 나아가지 못한다.

토머스 칼라일 (Thomas Carlyle)

질문을 던진 리더가 사랑 받는 브랜드를 만든다

'내 브랜드는 왜 사랑 받지 못할까?'

고민해보지 않은 리더는 없을 것이다. 하지만 그 질문에 대한 해답을 내 안에서만 찾으려고 했다면 방법을 개선해볼 필요가 있다. 좋은 질문이 좋은 답변을 만든다는 '현문현답'보다는 우리는 '우문현답'에 익숙해 있다. 심지어 '우문'조차도 하지 못한다. 대답만 할 줄 알지 질문하는 법을 배우지 못했다. 내 브랜드가 사랑 받고 싶고, 내 회사의 성장을 원한다면, 이제부터라도 질문하는 힘을 기르자. 내 제품에 대한 질문, 고객에게 던지는 질문, 세상에 던지는 질문은 명확할수록 좋은 답을 찾을 확률이 높아진다.

"일반 사람들도 디자인을 쉽게 할 수는 없을까?"

상대방을 위한 고민, 어찌 보면 쓸데없이 배려 넘치는 질문을 한 사람들이 디자인 앱을 만들어냈다. 그야말로 전문가 영역이었던 영상 편집 또한 핸드폰 하나로 다 되는 모바일 세상이 됐다. 내 고객이 전문적인 나의 영역을 침범하지 못해야 내가 돈을 벌 수 있다는 생각은 이제 이기적인 발상이 됐다. 하나의 앱이 만들어지면 500개의 중소 업체가 사라진다고 한다. 결과적으로 '나는 어떻게 비즈니스를 해서 비대면 시대에서 살아 남을 것인가.'라는 질문을 스스로에게 던지고 모범 답안을 구해야 한다. 역사는 질문하는 사람들이 이끌어왔다. 그들의 질문에 답을 찾아가는 과정이었다.

브랜드에 리더의 철학을 입히자

중국 내 매장만 5000개가 넘는 스타벅스, 이곳에서 아르바이트를 경험했던 친구들은 스타벅스에서 일을 하지 않아도 그 회사 커피를 찾는다고 한다. 이유는? 스타벅스에서 일할 때 들었던 회사의 비전, 신선한 커피를 계속 제공하려는 노력, 고객을 향한 서비스 대응력 등 이 모든 것들을 몸소 느꼈기 때문이라고 한다. 이 사례는 직접 스타벅스에서 일해보지 않더라도 그 회사와 회사의 리더가 어떤 철학을 갖고 스타벅스 문화를 이끌어가는지 상상할 수 있게 한다.

스타벅스 회장이 각 매장을 순회 방문하지 않는다. 매장 책임자가 어느 부분은 잘하고 어느 부분은 못할 수도 있다. 그럼에도 불구하고 스타벅스라는 브랜드 가치를 계속 유지할 수 있었던 것은 리더의 경영 철학이 각 매장마다 견고하게 다져져 있기 때문이리라. 고급화된 커피문화를 유지하기 위한 브랜딩 전략을 잘 이끌어내는 것, 고객이 그만큼의 대가를 지불하도록 하는 것, 이 균형이 잘 이뤄졌다고 생각한다.

그렇다면 내가 운영하는 회사가 갖고 있는 불균형적인 요소들은 무엇인가. 이 질문에 대표들은 교육 여건도 만들어주지 않으면서 직원들에게는 역량 이상의 역할을 해주기만을 원하고 있지는 않은지 생각해봐야 한다. "어느 회사 다녀?"라고 묻는 질문에 "그냥 다녀."라고 답하는 그런 직원들과 매일 일하고 있는 것은 아닌지 되돌아봐야 한다.

구조적으로 규모가 작은 업체일수록 전문 인력과 함께할 수 있는 확률은 낮을 수밖에 없다. 직원에게 성장에 맞춰 급여를 인상해주지 못하면 함께하지 못하기 때문이다. 직원의 입사 경력과 비례해 회사도 함께 성장 그래프를 그려간다면 이상적일 것이다. 한국도 마찬가지겠지만 언어와 제도 장벽이 높은 중국에서 만난 우리 기업 대표들은 "내가 하지 않으면 안 된다."라는 지나친 주인의식에 빠져 있는 경우가 많다. 또는 반대로 "중국어 잘하고 중국을 잘 아는 그 직원이 다 알아서"인 경우도 간혹 있다.

간섭을 넘어 감시의 눈초리를 보내는 리더는 직원들의 능동적인 실행력과 창의적인 발상을 가둔다. "점 하나에도 기업의 방향을 담아라"고 이

변화의 속도_상하이저널 칼럼 일러스트

야기하는 이유 중 하나는 리더가 직원 업무의 일거수일투족에 일일이 관여할 수 없기 때문이다. 리더는 방향을 정하고 갈림길에서 방향등을 켜는 역할을 하면 된다. 직원들은 그 방향등에 따라 움직이면 된다. 규모가 작은 업체일수록 리더가 할 일은 더 많다. 리더의 업무 부담을 줄이기 위해서는 조금은 더디게 성장하더라도 직급에 맞는 업무가 부여되도록 해야 한다. 리더의 잡무가 줄어야 창의적인 기획을 할 수 있고, 회사의 방향이 담긴 브랜딩을 일관성 있게 해나갈 수 있기 때문이다. 반대로 리더의 지나친 무관심은 방향성을 잃게 만든다. 사무실에 출근을 자주 하지 않는 상하이의 한 회사의 사장님에게 물었다.

"매일 출근하지 않아도 회사가 잘 굴러가니 부럽습니다."

돌아온 답변은 당황스러웠다. 신비주의 전략이란다. 웃자고 한 얘기였겠지만 리더가 해서는 안 되는 전략(?)이다. 함께하는 직원들이 리더의 생각이 무엇인지 모르는 회사가 제대로 운영될 리 없다. 브랜딩도 마찬가지다. 자유로운 발상의 기획이더라도 회사의 방향성을 포함하고 있어야 한다. 소수 몇 사람의 생각이 회사를 대표해서는 안 된다.

직원의 퍼스널 브랜딩이 곧 회사 브랜딩

2006년, 디자이너로 중국 〈좋은아침〉 잡지사 부사장의 직책을 맡으면서 경영 관련 책을 가장 많이 읽었다. 경영을 해본 적이 없었기에 경영을 경험한 저자들이 가르침을 적용해보려는 시도에서다. 혼자서도 잘할 수 있을 것 같은 자신감이 하늘을 찌를 때, 독립을 선언했다. 그러나 그것은

“당신이 있기에 변할 수 있습니다.”
새로움을 그려가는 사람들

좋은아침<Morning Shanghai> 가족들

교만이었다. 그 대가는 인생에서 가장 힘든 경험의 시간이 됐다. 인고의 시간 동안 가장 크게 변화된 점은 함께했던 직원들에 대한 생각이 180도로 바뀌었다는 것이다. 독립해서 가장 힘들었던 것은 그렇게까지 중요하다고 생각 못했던 동료들 생각이 나는 것이었다.

"와~ 정말 감사하고 고마웠던 친구들이었구나."

그들이 그 역할들을 너무 잘해줬기 때문에, 내가 책임을 감당할 수 있었다는 것을 깨닫는 순간이었다. 가장 큰 시련이었지만 동시에 고난이 축복이었고 단련의 시간으로 자리했다. 큰 역할이 주어진 직원들이 기업을 운영하는 것이 아니라는 것을 초보 사장을 경험해보고 알게 된 것이다. 그 값진 경험은 다른 사장님들과 서로의 마음속 이야기를 나누며 좀 더 소통할 수 있게 해주고, 보다 깊이 있게 다가설 수 있는 계기가 됐다.

그 이후 비중과 역할이 작아 보이는 일을 하는 직원에게 시선이 가기 시작했다. 회사는 새어 나가는 돈만 잘 막아도 돈을 번다고 하듯이, 보이지 않았던 사각지대에서 일하는, 관심을 두지 못했던 직원들이 개인의 비전을 발견하고 회사의 비전과 일맥상통해 모두가 한 방향으로 향했을 때 시너지와 에너지들이 증강된다는 사실을 나의 쓴 경험을 통해 깨닫게 됐다.

새롭게 컨설팅을 도와주는 업체에 이런 이야기를 한 적이 있다. 재무를 하는 직원에게

"회사가 판매하는 상품을 설명해본 적 있나요?"

"그렇게 생각을 해본 적이 단 한번도 없었는데, 이제는 스스로 회사 상품을 설명해줄 수 있을 만큼 성장하고 싶습니다."

…
사랑 하기
내가 사랑하는 것과
내가 사랑받고 있는것을
적어 보기로 했습니다.
내가 사랑하는 것은 당신의 가슴안에 들어가
작은 등불 하나를 켜고 당신을 사랑하는 것입니다
내가 사랑받고 있는것은 당신의 사랑으로 인해
가장 낮은곳에서
가장 높은 곳으로
우리 함께 걷는 것입니다.
뭐적어
내꺼보지마
당신은 무엇을 사랑하십니까. ind.

지금까지는 문의가 오면 담당자에게 넘기기 바빴는데 이제는 담당자가 아닌 내가 설명을 할 수 있는 직원이 되겠다고 다짐한 것이다. 그리고 재무 업무만이 아니라 다음 단계인 재무컨설팅으로 강의할 수 있을 정도까지 실력을 쌓는다면 회사는 물론이고 개인도 경쟁력을 높일 수 있지 않겠느냐는 피드백이 돌아왔다.

이것이 '퍼스널 브랜딩'이다. 어느 회사를 다니는 '나'가 아니라, 무슨 일을 하는 '나'라는 브랜딩을 하게 되는 시작인 것이다. OOO회사의 재무 직원이 아닌, 재무컨설팅을 하는 OOO으로 성장할 수 있도록 돕는 리더가 되어야 한다. 직원 개인의 브랜딩이 모여서 회사와 제품의 이미지를 브랜딩하는 힘을 키우는 것이다. 리더를 포함해 주요 업무를 하는 한 두 명이 회사를 브랜딩하는 것이 아니라, 직원(개인)의 퍼스널 브랜딩으로 회사(단체)의 브랜딩을 돕는 시대다.

우리 회사 리더가 브랜딩의 중요성을 알았더라면

해외에 나오면 모두가 애국자가 된다는 말, 그냥 나온 말이 아님을 실감한다. 식당은 한국을 대표해서 현지인들에게 한국의 맛을 전해주는 것이고, 마트는 중국인들에게 한국의 각종 문화를 파는 곳이다. 이것은 소통의 플랫폼이 되기도 한다. 결국 중국에 사는 모든 사람들은 문화 전도사이고, 비즈니스 국가 대표라는 자긍심이 있다.

'이런 국가대표들에게 무엇을 해 줄 수 있을까?'

직업적인 특성상 국가대표들을 만날 기회가 많았던 나의 경험을 나누

2010
땅 위에는 길이 없었다. 걷는이가 많아지고 길이 생겼다. 2010년 당신이 걷는 그 길이 희망입니다.

기대하며_상하이저널 칼럼 일러스트

고 싶었다. 중국에서 비즈니스를 잘하고 싶어하는 대부분의 대표들은 비슷한 과정을 겪을 것이고, 유사한 문제에 부딪칠 가능성이 높다. 그리고 해결을 위한 고민 또한 비슷하게 할 것이다. 그동안 많은 회사 대표들을 만나 기획하고 디자인한 사례들을 보여주면 그 방법을 찾는 데 도움이 되겠다는 생각을 했다. 그들이 디자인 의뢰를 하느냐 마느냐는 중요하지 않았다.

코리아부동산 또기. 2013

2010년 상하이의 코리아부동산(現. 블루아이) 배양희 대표가 상하이저널 디자인센터를 방문했다. 현장의 소리가 가득 담긴 디자인 PPT로 설명하겠다고 했다. 그런데 바쁜 일정 탓인지 듣지 않겠다는 것이다. 이런 반응이 낯설지 않았다. 대부분의 언더백 기업(직원 100명 이하 회사)들은 좋은 기획자들과 일해본 경험이 없기 때문이다. 게다가 해외에서는 더욱 어렵다. 전략 기획 부분에 갈증을 느낀 기업이 있다면 해소해주고 싶었다. 당시 코리아부동산도 그런 회사 중 하나였다. "다른 업체들의 브랜딩 과정을 들어본 후, 기본이 되는 것과 방법을 알게 되면 많은 도움이 될 것입니다."라며 설명을 시작했다. 처음에는 싫다고 했던 두 사람이 듣고 난 후에 큰 도움이 됐다고 만족스러워하며 돌아갔다.

며칠 후 배양희 대표로부터 연락이 왔다. 브랜딩, 마케팅 기획, 경영 전략에 도움을 받고 싶어 했다. 일주일에 한 번씩 코리아부동산에 대해 듣는 시간을 가졌다. 회사가 가고자 하는 방향을 기획하려면 알아가는 시간이 필요했기 때문이다. 같은 시기에 동종 업체 대표와도 비슷한 대화가 오갔다. 그런데 바빠서 과거의 일을 들려 줄 시간이 없다며 사양했다. 현재 두 업체의 규모 차이는 크게 벌어졌다. 물론 당시 코리아부동산과 매주 했던 컨설팅 결과가 지금의 성장에 결정적인 영향을 끼쳤다는 얘기는 아니다. 디자인 마케팅과 경영 전략의 중요성을 아는 회사와 모르는 회사, 그리고 기업 광고 디자인의 동그라미 하나에도 기업의 방향이 새겨진다는 사실을 아는 리더와 알려고 하지 않는 리더의 차이라고 생각한다.

리더는 다 알고 있다. 다만 하지 않았을 뿐

"컨설팅뿐 아니라 교육 커리큘럼도 받고 싶습니다."

T여행사에서 컨설팅 의뢰를 하면서 교육 커리큘럼을 미리 받아 보고 싶어했다.

"회사가 어떤 철학을 갖고 있는지도, 어느 정도 비전을 만들어갈 수 있는지도 모릅니다. 기업마다 생각의 크기가 다른데 먼저 회사의 생각을 듣지 않고 어떤 컨설팅 교육을 하겠다고 말씀 드리면 그것은 저 혼자의 외침에 불과합니다."

상대를 이해하지 않고, 소통하려 들지 않고, 그 회사의 고유 문화를 모르는데 어떻게 컨설팅을 하고 디자인을 하고 방향을 만들 수 있을까. 이것은 중요한 포인트다.

디자인이 브랜딩 또는 마케팅과 연결되려면 그 회사의 리더와 함께하는 구성원들의 생각을 먼저 공유해야 한다. 그 다음 그 회사가 나아가는 방향까지 모든 것이 브랜딩으로 표현돼야 한다. 그런데 많은 회사들이 리더의 생각 안에서만 머무는 경우가 많다. 상담을 하다 보면 회사 리더들이 하는 공통된 얘기가 있다.

"알고는 있다. 하지 못할 뿐."

몰라서 못 하는 경영자보다 아는데 실행하지 않아서 성장하지 못하는 기업이 많은 이유, "리더는 다 알고 있다. 다만 하지 않았을 뿐"이다. 의사가 정확한 검사와 진단을 하지 않고 처방을 내리는 것은 말이 안 되는 일이다. 그런 환자는 없다. 디자인도 마찬가지다. 하지만 처방만 내려달라는 고객들은 무수히 많다. 리더의 생각을 모르면서 디자인을 하라니! 의뢰자의 생각에 대해 질문을 던지는 것이 당연한데도 "내 생각은 중요하지 않으니 예쁘게만 디자인해 주세요."라는 고객들을 자주 만난다. 그 회사의 철학이 "그저 예쁨"인지, 예쁘기만 한 디자인이 얼마나 지속될지, 기본조차 고려하지 않은 기획은 리더의 무지에서 탄생한다.

브랜딩을 고민하지 않는 언더백 기업들도 빤짝일 순 있다. 하지만 지속성이 약해질 수밖에 없고 중장기 플랜은 보이지 않게 된다. 생각을 담아서 지속적인 관심을 갖고 진행했던 업체, 단발성으로 끝나버린 업체의 성장 차이가 얼마나 큰지 리더들이 먼저 알아야 한다. 예쁜 디자인을 요구하기보다, 고객과 소비자들에게 예쁨 받는 회사가 되기 위한 고민을

상하이저널 칼럼 일러스트

하는 리더가 회사를 바로 세운다. 리더의 철학을 담은 단 한 줄의 카피가 죽어가는 기업을 살리기도 한다. 또 기업이 더 잘 되도록 하는 원동력이 되기도 한다.

경영자의 실력이 조직의 실력이고,
직원의 실력이 조직의 미래입니다!

가인지경영

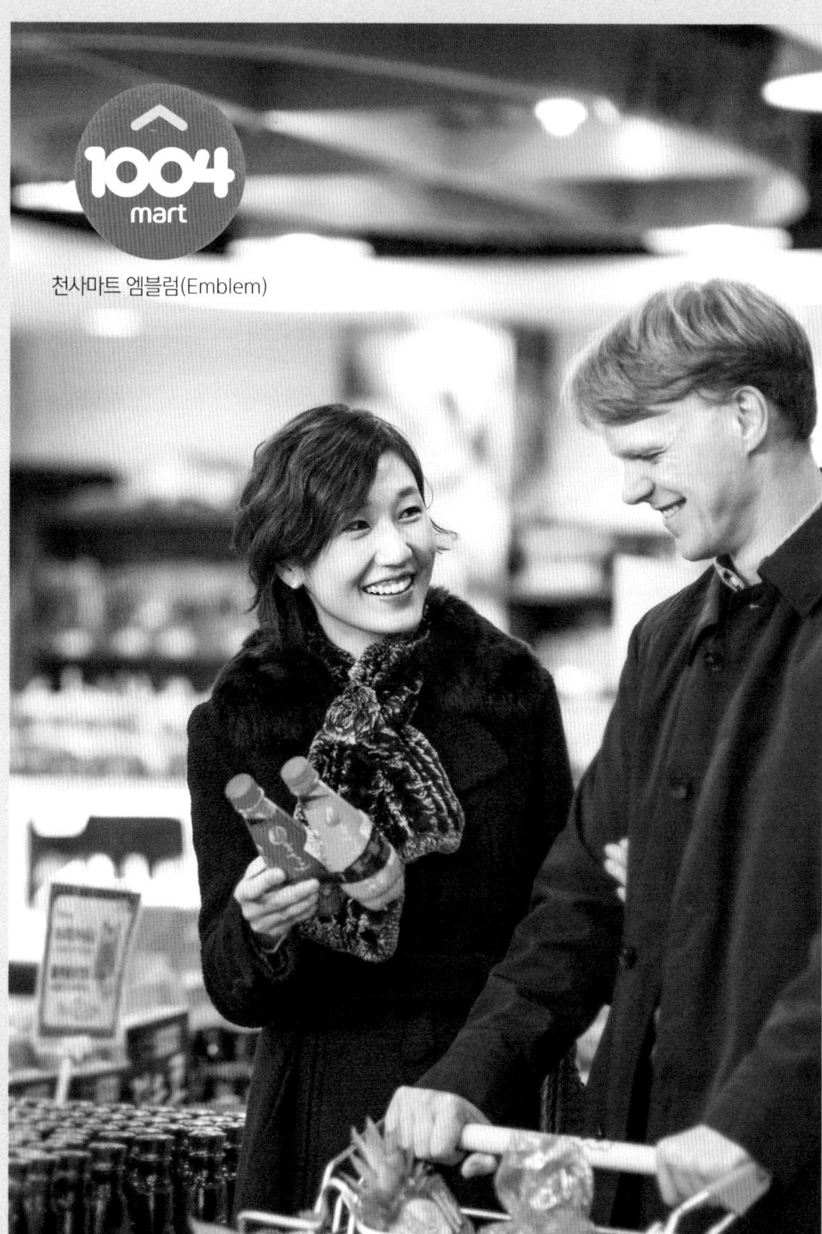

천사마트 엠블럼(Emblem)

03

브랜딩!
오래오래 잘하기

사소한 일을 어떻게 처리하느냐로
그 사람의 지위나 역량을 가늠할 수 있다.

새뮤얼 스마일스(Samuel Smiles) 작가

'꾸준함'과 '신뢰'의 브랜딩

브랜딩(brand + ing)은 왜 중요할까?

브랜딩은 찐 고객층을 만들어가는 과정이 된다. 점점 많은 고객들이 어떤 브랜드를 선택하게 되면 그 브랜드의 시장 점유율은 높아지고 수익이 증대된다.

또한 브랜딩을 잘하면 한 가지 아이템에 머무는 것이 아니라 관련된 사업분야로 확장해 가치를 증대시키기도 한다. IT 기업들이 줄줄이 자동차를 만드는 시대가 된 것처럼. 잘 만들어진 브랜드의 파워는 상상을 초월하는 사업분야에서까지 그 힘을 발휘하고 있다.

또한 명품들의 높은 가격이 유지되는 이유는 사람들이 그 브랜드에 대한 이미지에 그만한 가격을 지불할 만한 가치가 있다고 생각하기 때문이다. 그렇기 때문에 너도나도 브랜드 가치를 높이기 위해 브랜딩 작업을 진행하는 것이다.

규모가 있는 기업들은 그렇다 치더라도 언더백 기업들은 어떻게 브랜딩을 만들어가야 할까. 여러 방법이 있겠지만 성장 단계를 나누고, 단계별로 하나 하나 신뢰의 발판을 만들어가야 한다. 회사의 브랜딩은 여러 사람의 의견이 반영되는 것이지만 개인의 브랜딩은 나 자신만의 브랜딩 철학이 필요하다.

어느 기업 대표가 이런 말을 한 적이 있다. "한 가지 일을 오랜 기간 하기도 힘들지만 잘해내기란 더욱 힘든 법인데 이 두 가지 모습을 갖춘 사람이 지금의 표아트다." 상하이에서 17년째 디자인 마케팅을 하고 있는 나를 '오래(꾸준함)'와 '잘(신뢰)'이라는 단어로 표현했다. 브랜딩 노하우에 대해 설명하는 자리가 있을 때마다 '꾸준함'과 '신뢰'의 브랜딩을 얘기한다. 누구나 할 수 있지만 아무나 할 수 없는 "오래오래 잘하기".

중소 업체가 브랜딩을 잘할 수 있는 방법

개인은 물론 비즈니스에서 중요한 브랜딩! 개인 사업자, 중소 업체들도 브랜딩은 선택이 아닌 필수다. 관건은 그 중요 필수 항목인 브랜딩, 그것이 중소 업체에도 가능할 것인가 하는 것이다. 브랜드를 갖는 것, 브랜딩을 하는 것, 디자인 마케팅을 해나가는 것…. 여유 있는 기업의 전유물이라는 편견을 깨는 것부터 출발해야 한다.

로고를 예쁘게 만들고 인테리어를 잘하면 브랜딩의 끝이라고 생각하는 사람들이 많다. 그것은 단지 하나의 요소일 뿐이다. 부족하거나 못났던 부분이 있더라도 어떻게 브랜딩하면 더 멋진 상품으로 거듭날 수 있는지 이 방법에 대해 말하는 것이다. 기업의 방향성을 만들어갈 때, 동그라미 하나에도 기업의 생각이 그려져야 된다고 얘기한다. 시장을 읽어내는 감각이 있고, 창의성이 더해지면 좋고, 여기에 트렌드를 읽어내면 금상첨화다.

중소업체들은 이러한 일을 해낼 수 있는 직원도, 여유자금도 없다 보니 생각이 여기까지 미치지 못한다. 무엇부터 해야 할지 잘 모른다고 생각하는 개인이나 중소기업 사장님들의 고민은 비슷하다. 사실 방법을 잘 모르는 것은 맞다. 정도의 차이만 있을 뿐 비즈니스를 하는 모든 사람들의 영원한 숙제다. 비즈니스가 잘 되도록 하는 과정에서 현재 상황보다 더 나은 내일을 위해, 그리고 좋은 아이디어와 실행 방안을 찾기 위해 전문가들의 도움을 받는 것이다.

상하이에서 오랜 기간 디자인 마케팅을 해온 경험을 토대로, 개인 사업자와 중소 업체가 브랜딩을 잘할 수 있는 방법을 제안한다.

먼저, "좋은 기획자와 하루 1~2시간 파트타임으로 연결하세요."

상하이 한인타운 홍췐루(虹泉路) 징팅따샤(井亭大厦)

징팅따샤(井亭大厦)

이니스프리(innisfree) 매장(南京东路)

징팅티엔띠(井亭天地)

중소 업체 여건상 처음부터 전문 기획자, 디자이너를 고용하는 일은 현실적으로 힘들다. 회사 내 기획 디자이너 인력이 없다고 좌절하지 말고, 대표 혼자만의 생각에 그치지 말고, 파트타임으로 일할 수 있는 전문 프리랜서나 디자인 업체와 협력해보자.

다음은, "회사 운영비에 기획 디자인비를 예산으로 책정해두세요."

자영업 사장님들은 기획비나 디자인비를 별도로 책정해야 한다는 생각을 하기 어렵다. 업체 홍보에 좋은 디자인을 원하지만 수익에서 비용을 빼내자니 안 써도 되는 돈을 쓴다는 생각이 들기 때문이다. 그렇다 보면 마음에 들진 않지만 저렴한 업체를 고르게 된다. 기획비 예산을 미리 책정해놓으면 사정은 달라진다. 처음에는 1~2시간 파트타임으로 일하던 마케팅 디자이너와 하루를 일할 수 있게 되고 이틀, 삼일 같이 일할 수 있도록 준비하는 것이다. 1~2년 동안 열심히 그 방법대로 하다가 좀 더 나아지면 디자이너까지 채용하는 것이 가장 좋다. 그렇다고 여기서 멈추면 안 된다. 좀 더 회사의 비전을 만들어가는 데 필요한 기획과 마케팅 디자인을 업데이트할 수 있도록 다음 단계까지 가면 좋겠다.

그리고, "함께하는 기획자가 시장변화에 유연하게 대응하도록 하세요."

함께하는 기획자나 마케팅 디자이너가 아무리 능력이 출중하다고 해도 팀이 아닌 혼자 일하기 때문에 새로운 프로젝트를 진행하다 보면 변화에 둔감해질 수 있다. 외부 환경은 하루가 한 달처럼 초고속으로 변하

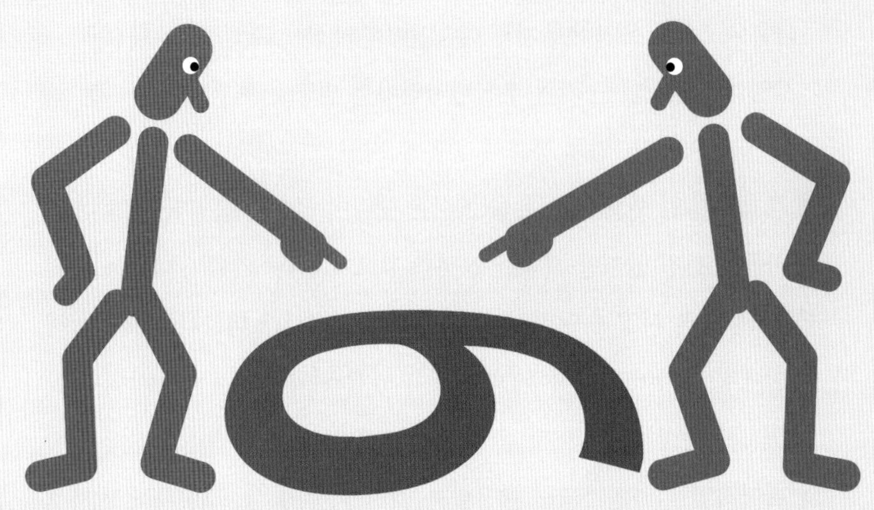

그대가 옳다고 상대방이 틀린 건 아니다.
상대방의 입장에서 바라보지 않았을 뿐….

고 있고 지속해서 바른 방향으로 노력하지 않으면 안 된다. 변화가 빠른 중국에서는 더욱 그렇다. 기획자나 마케팅 디자이너도 건강한 자극을 계속 충전 받아 성장하도록 업체 대표님들이 시장변화에 유연하게 대응할 준비를 해야 한다.

브랜딩 제 1원칙 '공감(共感)'

심리학에서 알고 싶었던 것은 사람들의 저 깊은 곳에 숨어 있는 동기나 욕구가 무엇인가 하는 것이다. 많은 학자들이 연구한 결과, 결론은 '인정 욕구'였다. 누군가를 인정한다는 것은 공감 없이는 할 수 없는 일이다. 공감해준다는 것은 공감해주는 척만 해서는 해결되지 않는다. 사람들은 누구나 특별한 관심을 받고 싶어한다. 상대를 진정으로 인정해줄 때 공감은 깊어진다. 공감이 브랜딩을 하는 데 있어 가장 중요한 원칙인 이유기도 하다.

입장 바꿔 생각해보기에 도움을 줄 좋은 책이 있다. 철 지난 책이지만, 『화성에서 온 남자, 금성에서 온 여자』는 어느 경영대학에서는 여전히 활용도 높은 책이다. '화성에서 온 기업인 금성에서 온 고객' 이렇게 대입해 읽을 것을 권장하기 때문이다. 이 보다 더 좋은 경영학 도서는 없다고까지 표현할 정도로 훌륭한 역지사지 경영도서다.

"사랑 때문에~"

'바로 저 여자다!'
첫눈에 운명을 느낀 남자가 있었습니다.
남자는 그 여자의 아버지를 찾아갑니다.
다짜고짜 그 딸을 아내로 달라고 조릅니다.

이리저리 남자를 살펴보던 그 여자의 아버지는
내 집에서 7년을 봉사하면 딸을 주겠다고 합니다.
남자는 열심히 일하며 7년을 기다립니다.
힘든 줄도 모르고 어려운 일도 다 해냅니다.

그 여자를 위해서라면 어떤 궂은일도 두렵지 않습니다.
그렇게 7년을 채우고 남자는 그 여자의 아버지에게 달려갑니다.
"이제 그녀를 주십시오." 그러자 그 여자의 아버지는
"다시 7년을 봉사하면 내 딸을 '반드시' 너에게 주겠다."

사랑하는 여자를 얻기 위해 공들인 7년
다시 또 7년처럼
그 어떤 어려움에도 우리가 다시 살아갈 수 있는 건
'사랑 때문'입니다.
때때로 삶이 그대를 속일지라도
우리는 '사랑을 위해' 얼마든지 참고 기다릴 수 있습니다.

글 김은우 작가 / **일러스트** 표병선

58p 계속

요지는 화성에서 온 남자는 맞닥뜨린 문제를 해결해주려고 했고, 금성에서 온 여자가 원하는 것은 이해와 공감이었다. 이것을 비즈니스에 적용해보면 고객이 진짜 원하는 것은 문제 해결보다 이해 받고 공감 받는 것이며, 이것이 다른 무엇보다 더 중요할 때가 있다고 말한다. 우리가 종종 실수하는 부분은 공감할 때는 어떤 사실(fact)에 공감하는 것이 아니라 그 사람의 마음과 생각에 공감을 해야 한다는 사실을 뒤늦게 깨닫는다는 것이다.

브랜딩 제 2원칙 '진심(眞心)'

'진실의 순간(MOT; Moment of Truth)' 스칸디나비아항공(SAS)의 경영철학이다. 고객이 회사나 제품에 대해 이미지를 결정하게 되는 15초 내외의 짧은 순간을 일컫는 마케팅 용어기도 하다. 우리는 광고, 홍보 또는 입소문을 통해 기업의 이미지를 만들어간다. 만년 적자였던 SAS항공사장으로 부임한 39세의 얀 칼슨(Jan Carlzon)은 1년 만에 항공사를 8천만 불의 흑자를 남기는 회사로 바꿔놓게 된다. 그가 말하는 항공사 이미지는 회사의 사장이나 임원, 사무직원이 아닌 창구에서 일하는 최말단 사원이 만든다고 말한다. 고객이 그 직원을 만나는 순간이 그 회사가 노력의 결과로 만들어진 예쁜 이미지의 가면을 벗고 '진실을 만나는 순간'이라는 것이다.

고객으로부터 클레임이 왔을 때 대표나 담당자를 직접 만나면 좋겠지만 일반 사원을 만나는 경우가 많다. 그때 중요한 것이 바로 공감 능력이

다시 7년 하면
'진짜' 줄게!
엉거~...

기다리는 것이
힘든게 아니라
사랑하는 마음이
변할까 두렵습니다.
사랑은 일방통행이 아님을
오만한 생각을 버린후에야 알았습니다. 재영.

다. 어느 직업이든지 많은 사람들을 만나다 보면 누구의 잘잘못을 떠나 지속적인 문제가 일어나곤 한다. 고객의 문제 해결뿐만 아니라 진행되는 과정에서 걱정했고 염려했을 그 마음을 공감해주고 진심으로 다가선다면 우리에게 불만이 있던 고객들은 우리를 떠나가는 것이 아니라 영원한 찐팬이 되었다고 말한다.

이것은 성공하는 기업들에서 공통적으로 발견된다. 그러나 사람마다 공감 능력은 차이가 있다. 그러하기에 우리의 일상에서 매일 만나는 직장 동료들, 고객, 거래처 사람들과 점증적으로 공감하는 분위기를 만들어가고, 할 수만 있다면 행복 바이러스가 되어 많은 사람을 전염시켜나가면 좋겠다.

누구나 '보상'보다 '위로'가
더 크게 다가올 때가 있다.

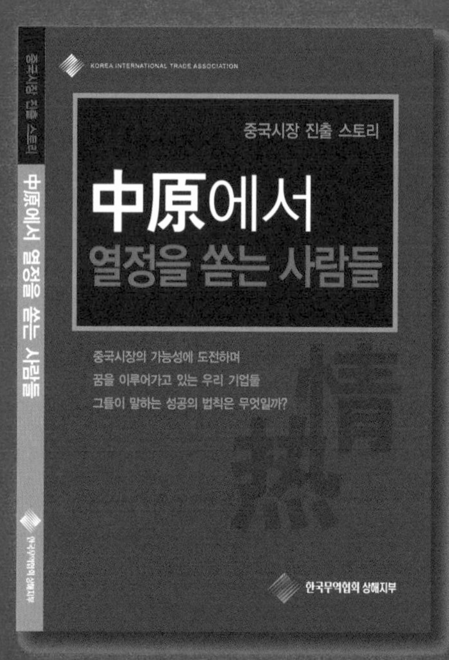

한국무역협회(中原에서 열정을 쏟는 사람들)

PART 02

중국에서도 통한 **브랜드 이야기**

디자인으로 브랜드의 통일성 짚어주기

방향과 가치를 담은 브랜딩 이야기

이념과 국적이 다른 브랜딩 이야기

CI의 변신 캐릭터 브랜딩 이야기

The Company that can Draw a Vision

중국에서 판다 캐릭터는 넘치고 넘친다.

달라야 하고 지금껏 없는 캐릭터야 했다. 판다의 변신, 후드티를 입혔다.

후드티를 입은 판다는 세계 최초였으니까.

photo_ 중국 천진, 텐진아이(天津之眼)

TIANJIN

Morning Shanghai 표지

04

디자인으로 브랜드의 통일성 짚어주기

실행이 없는 비전은 꿈에 불과하며,
비전이 없는 실행은 시간만 보내게 한다.
비전이 있는 행동은 세상을 바꿀 수 있다.

조엘A. 바커(JoelA Barker)

CI에서 유니폼까지

표아트는 CI와 광고 디자인 업무만으로 능력의 끝을 보여주지는 않았다. 우리 회사의 업무를 유심히 보고 있었다. 제 각각, 제 마음 가는 대로 일하고 있는 우리에게 무언가를 뽑아 내줬다. 우리는 A로 생각하고 그 길로 가고 있었는데, "너희는 A가 아니라 B야."라고 방향을 제시하며 정체성을 찾아줬다. 옆길로 새고 있었던 우리 회사에 원래의 방향을 찾아

"사랑합니다 사랑해요 사랑한다니까요"

…
사랑도
가꾸지 않으면
하루가 다르게
시들어 갑니다.

오랜만에 지인으로부터
메일을 받았습니다.
끝인사로 대신한 이 찐~한 고백 앞에서
배식 배식 웃음만 나왔습니다.
이런 고백을 받은 사람이
저 하나 만은 아닐 테니까요.

"사랑한다. 사랑한다. 사랑한다."
그러고 보니 언젠가 TV광고를 보며
무릎을 쳤던 기억이 떠오릅니다.

안 쓰면 굳어버리는 것이
머리나 손끝의 재주만은 아닐 겁니다.
제일 빨리 굳고 어쩌면
가장 더디게 회복하는 것,
'사랑한다'는 고백이 아닐까요.

아낄 것이 무어 있겠습니까.
쓰면 쓸수록
더 많이 솟아나는 화수분인데,
자녀에게 아내와 남편에게
부모님께 고백해보세요.
너~~무도, 사랑한다고.

당신이 있어 내가 사랑받고 있습니다. 좋은생각.img

글 안지위 / **일러스트** 표병선

주며 이정표를 그려줬다. 그리고 CI를 시작으로 우리 회사의 브랜드에 통일성을 심어줬다. 표아트를 만나면서 이렇게 한 발 한 발 올 수 있었다. 우리 회사의 성장 과정 중 이 시기를 '사복을 입은 학생들에게 교복을 입혀줬다'고 표현하고 싶다. 우리 마음에 맞게 입어왔던 옷에 정복을 입혀준 것이다.

_F회사 대표

2005년 1월, 뿌연 회색도시 베이징 왕징(望京)에서 교민들을 위한 월간 잡지 〈좋은아침〉을 발견했다. 한글로 된 잡지를 집어 들고 먹먹해진 가슴을 달랬다. '중국에서 이 일을 하며 살아가는 사람들이 있구나.' 그 후 8개월의 중국 도전을 뒤로하고 한국 복귀를 결정했을 때, 〈좋은아침〉 사장님을 만나고 떠나야겠다고 생각했다. 중국에서 6년을 견딜 수 있었던 힘의 원천은 무엇인지 물어보고 싶었다.

만나고 싶다고 연락했을 때 사장님은 직접 회사까지 찾아와 어려움을 극복해나갔던 과정들을 털어놓았다. 그리고 상하이 본사를 다녀와야 해서 3일 뒤에 다시 만날 것을 약속하고 헤어졌다. 그 3일 동안 중국생활을 정리하면서 〈좋은아침〉 로고를 만들었다. 사용하고 있던 로고의 틀은 유지하면서 단점을 보완했다. 그리고 표지 디자인을 하고, 잘되기를 바라는 마음을 담아 한 줄의 카피를 넣었다. 디자인으로 활용할 심볼디자인도 제작했다. 훗날 이 심볼디자인으로 사원용 금배지를 만들었다. 〈좋은아침〉이라는 브랜드에 디자인으로 통일성을 짚어줬다.

만나자고 약속한 3일째 되던 날 기획했던 디자인을 보여 드렸다. 시간

"밥 짓는 냄새"

전기밥통이 신호를 보내오고 있습니다.
밥이 다 되어가고 있다고.
하얀 김을 쭉쭉 쏘아올리며 밥 냄새를,
달콤한 밥 짓는 냄새를 폴폴 풍깁니다.

온종일 팽팽하게 날이 서 있던 육신에도
적막 속에서 하루를 보냈을 집안에도
그제야 평화가 찾아옵니다.

세상을 향한 화해…
이 안락한 냄새는 밥 짓는 냄새입니다.

사랑한다면 때로는 알고도 모르는 척 해주세요.ㅠㅠ.

글 안지워 / **일러스트** 표병선

이 한참 지난 후 사장님은 고백하듯 말했다.

"그날 정말 감동이었어요."

상하이에서 맡게 된 <좋은아침> 그리고 '좋은 아침'을 맞게 됐다.

〈좋은아침〉 김구정 사장님과의 두 번째 만남에서 깊은 인연의 시작을 감지할 수 있었다. 하지만 바로 다음날로 이미 한국행 비행기표를 끊어놓았기 때문에 일단 베이징을 떠나야 했다. 10여 일만에 다시 중국에 돌아왔고, 베이징에서 본사가 있는 상하이로 옮겼다. 그리고 상하이에서 〈좋은아침〉을 맡게 됐고, 비로소 중국에서 '좋은 아침'을 맞을 수 있게 됐다. 왕징에서 우연히 집어 든 잡지, 그날의 짧은 만남, 마음을 다해 그렸던 디자인들은 상상도 하지 못했던 인생의 터닝포인트가 된 것이다.

멋진 잡지에 일러스트가 들어가면 더 좋겠다는 생각을 했다. 처음에는 그림뿐 아니라 글까지 직접 썼다. 이후에는 편집장과 작가 분들의 글을 받아 콜라보 형식으로 진행했다. 일러스트로 표현했던 '마음 위에 쓰는 글'을 3년 동안 연재했다.

맛있는 요리를 만들기 위해서는 가능한 좋은 재료들을 하나하나 준비해야 하듯, 회사의 브랜딩 과정도 마찬가지다. 부족한 부분은 수정하고, 수정한 내용을 다시 보완해가면서 이 과정을 통해 좋은 재료들을 차곡차곡 모으는 것이다. 이 작업을 반복적이고 지속적으로 진행해나가는 것이 브랜딩 과정인 것이다.

반성합니다.
그리고
감사합니다...

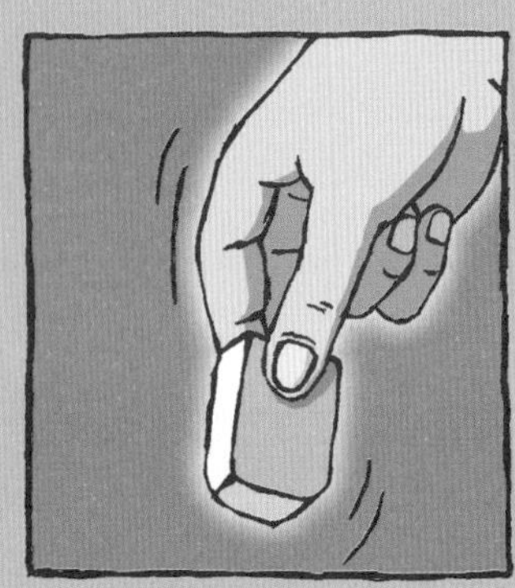

좋은아침<Morning Shanghai> **글/일러스트** 표병선

잡지의 변화를 위해 기획한 첫 번째, 마음 위에 쓰는 글

"반성합니다. 그리고 감사합니다."

일시 정지 버튼을 눌러도 시간은 나를 기다려주지 않는다. 그 대신 반성이라는 선물을 내게 남겨준다. 버린 만큼 채울 수 있다는 생각을 늘 가져보지만 버리지 못함을 반성한다. 나를 돌아보기 전에 최선을 다한 것처럼 떠들던 기억을 반성한다. 타인을 이해하기보다는 내가 먼저 이해 받기 원했던 것을 반성한다. 모방하지 않는 결과물을 만든다지만 더욱 다양하게 만들지 못함을 반성한다. 명품은 명장이 만든다고 외치면서도 명장으로 대우하지 못함을 반성한다. 한 가지는 해보겠다던 큰 다짐을 게으름으로 포장했던 것을 반성한다. 본질(本質)적인 것보다 비본질(非本質)적인 요소에 빠져 있었음을 반성한다. 그러나 반성할 수 있는 시간이 남아 있음에 감사한다. 2005.12 표아트

대표적인 프로젝트

I 중국삼성 사회공헌활동백서

중국삼성은 지난 2005년부터 농촌지원, 교육지원, 사회복지, 환경보호 등 4대 사회공헌활동 프로그램을 진행해나가고 있다. 중국삼성은 사회과학원이 매년 발표하는 중국 300대(국유기업 민영기업 외자기업 각 100개) 기업의 사회책임 순위에서 전체 55위, 외자기업 5위를 차지했다. 이 랭킹은 기업사회책임발전지수로 불린다. 삼성의 중국 봉사활동을 기록한 내용으로 2년 동안의 활동을 취합해 2007년 첫 사례집을 만들고 이

제2의 고향

유난히 추운 겨울을 보낸 뒤에
찾아오는 봄 햇볕의 따사로움이
더없이 반갑고 소중합니다.

만물의 영장이요,
무한한 상상력으로
세계를 재편해가는 인간이라지만
결국 추위에 몸 떨며 한치 앞도
예측하지 못하는 존재일 뿐.

겸손한 마음으로
주위를 돌아봅니다.

날 세우고 경계할 것이 아니라
나와 '다름'마저
사랑할 수 있는 마음으로.
마음 두는 곳은
안식처가 됩니다.
내 삶이 흐르고 있는
이 곳도 이미 내가 사랑해야 할
새 고향이 되었습니다.

글 박진영 / **일러스트** 표병선

후 매년 제작했다.

CHINA SAMSUNG COMMUNITY RELATIONS WHITE BOOK

I 상하이가이드북

한국 하나투어에서 15만 위안(한화 약 2600만원)을 지원해 제작한, 한국에서 중국으로 들어오는 여행자들을 위한 가이드북이다. 상하이 여행자가 아닌 상하이 사람처럼 살아가는 가정상비약 같은 안내서를 제작했다. 이후 전 세계 어디든지 갈 수 있는 티켓 한 장을 선택하라고 하면 주저없이 너무나 매력적인 상하이행 티켓을 선택할 것이라며, 하나투어가 추천하는 '상하이 BEST 100' 2탄을 출간했다.

I 황푸강에 한글을 띄우다

7월 7일 견우와 직녀가 만나는 날 77쌍이 상하이 황푸강 와이탄에 모였다. 그중 한 커플은 프로포즈 이벤트를 했다. 범선을 개조해 만든 대형 LED 광고선박을 이용해 '좋은

상하이저널

상하이저널 캐리커처

아침' 한글을 황포강에 최초로 띄웠다. 그날 아침부터 늦은 저녁까지 강 위에 떠 있는 우리의 한글이 자랑스러웠다.

l 마음 위에 쓰는 글

김은우 작가님과 많은 분들이 참여한 글과 일러스트를 콜라보 형식으로 3년간 〈좋은아침〉 잡지에 게재했다.

l 간행물 발간

- 상하이 화동지역 대표교민신문 '상하이저널'
- 중국 외국인 간행물을 담당하고 있는 오주출판사(五洲出版社)의 한글 판잡지 '좋은아침'
- 전 중국에서 유일하게 건물을 허가받아 사용하고 있는 상하이한인연합 교회 '작은 소리 큰 기쁨' 신문 제작
- 베이징(北京)재중국대한체육회 '손에손잡고' 신문 제작
- 중국시장의 가능성에 도전하며 꿈을 이루어가고 있는 우리 기업이 말하는 성공의 법칙을 기획한 한국무역협회 '中原에서 열정을 쏟는 사람들' 등

표 당신을 위해 맛과 건강까지 생각합니다. img

쑤저우(苏州) 한우마을(韩牛村) 포스터 디자인

05

방향과 가치를 담은 브랜딩 이야기

가치에 대한 확고한 신념이 있어야만
수익이 발생하지 않는 기간을 버텨낼 수 있다.

하워드 막스 (Howard s. Marks)

"회사의 방향을 디자인해드립니다"

표아트가 가장 잘하는 것이 있다. 회사와 리더의 생각을 읽어내는 것이다. 회사 광고를 위해 지금까지 만났던 디자이너들은 "무엇을 해드릴까요?"라고 묻는다. 그런데 표아트는 리더의 철학과 회사의 방향을 듣는다. 광고 디자인 상담을 왔다가 우리 회사가 가고자 하는 방향을 의논하게 됐다. 결국, 단발성 광고로 끝낼 생각이었는데 그의 디자인적인 사고

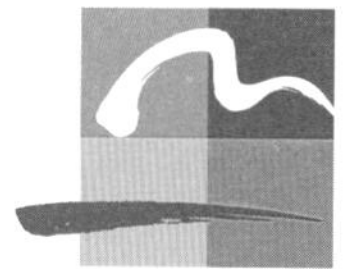

기존 심볼은 강촌컨트리클럽을 변형하였고
청학골(青鶴谷)은 중문서체를 사용하고 있었다.

에 빠지게 됐고, 기업 마케팅과 컨설팅을 받기 위해 지금까지 수년 째 상하이저널에 광고를 지속하고 있다. 광고를 하면서 방향을 뚜렷이 찾게 됐고, 우리 회사의 가치가 디자인되어 가는 과정을 함께했다.

_C한식당 대표

[CI Episode 1]

한식당 청학골(青鶴谷)

청학골은 상하이 한인타운 홍췐루(虹泉路)에서 중국인들에게 오랜 기간 사랑 받고 있는 대표적인 한식당이다. 상하이를 다녀간 한국 유명 연예인이라면 한번쯤 들러야 하는 곳이기도 하다. 한국에서는 '화로사랑'이라는 브랜드로 14개 지점을 운영하고 있고, 상하이에서는 다섯 곳에 지점을 두고 있다. 청학골은 신축 건물에 첫 입주했다. 에어컨, 소방검열 미비로 사무실 입주가 늦어지고 있는 상황이었다. 몇 개월에 걸쳐 손해를 입어가면서도 영업을 계속해서 하고 있었다. 대표님과 식사하던 중에 한국에서 동업자 3명이 왔다며 미팅하고 오겠다고 자리에서 일어섰다. 그 사이 화장실을 다녀왔는데 대표님도 다시 돌아와 앉아 있는 것이다. 이 짧은 시간에 회의를 끝낸 것이냐고 물었더니 "지난달 마이너스 12만 위안, 이번 달 2만 위안 만회해서 마이너스 10만 위안 회의 끝!" 했다면서 오히려 "더 이상 무슨 말이 필요하겠나요?"라고 되물어와 오히려 당황스러웠다. 10만 위안(한화 1700만원)이 적은 돈이 아닌데 사업을 하는 과정에서의 손실을 염두에 두지 않는다면 이렇게 태연하게(겉으로 보기엔) 짧게 숫자 몇 개로 마무리할 수 없을 것이다. 리더들의 태도를 다시

생각해보게 했다.

이후 테이블지 디자인을 만들고 싶다고 찾아왔다. 김치를 직접 만들어 제공하고, 중국인들과 함께하는 김치 만들기 행사도 알리고 싶다고 했다. 그뿐이 아니다. 고객들이 자주 묻는 질문들, 주차권은 어디서 받느냐? 후식 커피는 주느냐? 아이스크림을 들고 다니는데 어디 있느냐? 등등 이 모든 것을 테이블지 한 장에 다 넣어달라는 것이다. 직원들이 일일이 고객 질문에 대답해주다 보면 서비스 속도에 영향이 미치기 때문이란다.

"죄송하지만, 못하겠습니다."

딱 잘라 말했다. 당시 상하이 인근 쑤저우시(苏州市)에 지점을 운영하고 싶다는 의뢰도 있었기 때문에 이미지 통일안이 필요한 상황이었다. 완성된 테이블지에 기존 로고가 들어가 있는 그림을 상상해보라고 말했다. 기존 로고는 중국 서체 중 하나를 선택해 만든 것이었고 심볼은 한국 것을 모방한 불균형의 디자인이었다. 청학골은 한국의 맛인데 중국 서체를 사용한다면 브랜드의 성격이 잘 표현될 수 있겠냐고 되물었다.

모든 고객들의 귀찮은 질문을 한 장에 모아놓은 테이블지, 나름 기발한 아이디어를 갖고 왔다고 생각한 청학골 대표님은 고개를 숙였다. 결과적으로 테이블지 하나 의뢰하려고 왔다가 브랜드 로고까지 바꾸게 된 것이다. 대표님 입장에서는 황당했을 법 하지만, 기업의 얼굴은 곧 함께하는 직원들의 얼굴이기에 잘 만들어야 하는 이유를 강조했다.

대표님은 로고보다 테이블지를 보고 놀랐다. 이후 테이블지는 청학골의 문화가 됐다. 당시 어느 식당에서도 테이블지를 이용해서 고객에게

첫마음 그대로, 다락방의 약속입니다

始终如一，是多乐房的承诺

DuoLeFang
Korean Traditional Restaurant

다락방

로고 디자인을 바꾸기 전 오픈준비

메시지를 전달하지도, 식당의 문화를 담아내지 않았었다. 그 작은 생각의 차이가 차별화된 브랜딩의 시작이다. 이후 본가(本家)에서는 중국인들에게 상추쌈을 싸먹는 방법을 일러스트로 표현해 한식 문화뿐 아니라 그 식당 고유의 문화를 알리고 있다.

"CI를 디자인한다는 것은 어마 어마한 일, 한 업체의 가치가 담기기 때문"

[CI Episode 2]

한식당 다락방(多乐坊)

삼성출판사 대구지역 본부장을 지낸 최경수 사장님, 광고에 남다른 애정을 갖고 계신 한식당 사장님이다. 그분의 열정은 아직도 마음 한편에 따뜻하게 자리하고 있다. 감자탕 전문점 '다락방' 최경수 사장님이 그랜드 오픈을 알리는 신문 광고를 게재하기 위해 사무실을 방문했다. 한인타운과 살짝 떨어진 위치의 그 매장은 당시 무엇을 해도 폭망했던 자리에 있었다. 가게를 인수하기 전 매장 실내가 카페식이라 어두워서 간판만 바꾼다고 해서 해결될 문제가 아니었다. 디자인 컨셉트의 중요성을 경험을 통해 누구보다 잘 알고 있던 분이었기에 진심을 담아 조언했다. 예상대로 대화는 통했고, 누구라도 머물고 싶은 '다락방'의 느낌을 잘 살려낸 로고 디자인과 인테리어를 보완한 컨셉트 디자인까지 진행하게 됐다.

어떤 메뉴를 해도 오픈 후 얼마 안 가 망한다던 매장을 새로운 옷으로 갈아입혔다. '병천순대국밥 20위안'의 통 큰 이벤트 행사를 열어 소위 대

다락방

해 솟는다
모든 일이
술술
마음처럼 풀려나가기를
2013 아침
朝阳升起
愿万事如意, 心想事成
2013年清晨

新年快乐

Korean Traditional Restaurant **DuoLeFang**

박이 났다. 사람들은 그를 '마이다스의 손'이라 불렀다. 지금은 고인이 된 최경수 사장님은 늘 고객들이 무엇을 좋아할지 먼저 생각하고 다가섰다. "손님이 짜다면 짜다."라고 주방입구에 디자인해서 붙여놓았다.

지금은 아내 분이 한인타운 홍췐루점(虹泉路店)에 다락방을 운영하고 있다. 이곳에 가면 최 사장님이 붙여놓은 '방문객'이라는 시구가 눈에 들어온다. 그의 생전 모습이 떠오르며 마음이 따뜻해진다.

"사람이 온다는 건 실은 어머 어마한 일이다.
한 사람의 일생이 오기 때문이다." 정현종의 시 '방문객' 중에서

최경수 사장님이 제안한 광고 카피는 내용이 잘 전달될 뿐만 아니라 마음으로 소통하게 했다.

"부산사람들은 순대를 막장에 찍어먹는대요!"

처음 이 말을 듣고 '어떻게 순대를….' 하고 생각했는데 부산 사람들은 '순대카마 막장아이가.' 하고는 펄쩍 뛰더라는 것. 앞으로 다른 지방 사람을 만나면 이렇게 물어보라고 한다.

"순대, 어디에 찍어 드세요?"

광고에 전국 지도를 넣고 지역별 선호도를 표기했다. 상하이저널 680호 게재

"아직도 찰순대 껍질을 식용 비닐로 만든다고 생각하나요?" 690호 게재

"병천순대로 유명한 '병천'과 '아우내'는 같은 덴가요?" 694호 게재

"막창 먹으러 뱅기 타고 대구까지 안 갈 꺼라면… 쪼끔만 더 기다려주세요."

한국의 한우와 같은 혈통으로
청정지역에서 성장하는 산동성 루시황우 농장
与韩国韩牛有着同一血统
在生态区域生长的山东省鲁西黄牛农场
CaoShiHanNiuCun
Here! taste of Korea
한우마을
曹氏 韩牛村
생생유통 과정을
책임집니다
确保新鲜流通环节
韩式烧烤最好吃的
0℃低温
7日成熟的
鲜牛肉
1 0℃低温7日成熟鲜牛肉
2 上海 '韩牛村'
肉类加工中心
3 提升口感，降低价格
※ 韩牛村的肉类尽可以安心享用
부위별 미세가공, 숙성 및 포장까지
한국 전문가에 의해 이뤄집니다
各个部位的精加工、成熟及包装
均由韩国专家完成
한우마을
CaoShi HanNiuCun ★ Here! taste of Korea
유통 구조의 간소화
원산지와 직접 연결합니다
流通结构的简化，直通原产地。
저희 식당도
배달해 주세요~
我们的餐厅也送一下吧~

[CI Episode 3]

쑤저우(苏州) 한우마을(曹氏 韩牛村)

"여보세요, 메뉴판도 하나요?"

"네, 메뉴판만 하지는 않습니다. 메뉴판 제작 업체를 소개시켜 드릴까요?"

"아뇨, 상하이에 있는 지인 분 소개로 연락 드렸습니다."

쑤저우(苏州) 지역이면 한국인 디자이너도 없는 곳이라 잘 만들고 싶어도 의뢰할 곳이 마땅치 않다는 것을 알기에 거절할 수 없었다. 최소 한두 번은 가봐야 되는 상황이라 시간과 비용을 고려해봤을 때 고민이 될 수밖에 없었다. 다른 업체들 진행 과정도 보면 좋을 것 같다는 말에 동업하는 후배 사장님과 상하이까지 한걸음에 달려와 설명을 해줬다. 쑤저우에서 한식당을 제일 잘하는 사장님보다 조금 더 잘하고 싶다는 마음의 소리를 들려줬다. '꼭 가보고 싶은 식당'으로 만들고 싶어졌다.

한국의 한우와 같은 혈통인 청정지역에서 성장하는 산동성(山东省) 루시(鲁西) 황우는 그 어느 지역 소고기보다 육즙이 풍부해 감칠맛이 뛰어나고 부드러우며 특히 씹는 맛이 탁월하다고 강조했다. 더욱 마음에 들었던 것은 상하이에 '한우마을' 육가공 센터를 만들고 싶다는 그 사장님의 비전이었다. 엄격한 냉장온도를 유지해야 하는 것이 관건이고, 도축 후 0℃에서 7일 이상 숙성시키는 것이 기술이자 고기 맛의 비결임을 보여주고 싶어했다. 또한 원산지와 직접 연결하는 유통 구조의 간소화와 산지 대량 구매를 통해 평균 20~30%의 저렴한 가격으로 맛은 올리고 가격은 내리겠다는 계획도 마음에 들었다. 식당에서 선물용 포장도 가능

CaoShiHanNiuCun
Here! taste of Korea
曹氏 韩牛村
한우마을
오늘은 생생 소고기 먹는 날~
今天是吃冷鲜牛肉的日子
한우마을의 맛은 계속 됩니다!
韩牛村的味道将不断延续
선물하려고 포장했어요~
为了送人 特意打包的~
평균 20~30% 저렴하게 특별한 맛까지
均价低于20~30%~加上独特的味道~
한국식 구이에 가장 맛 있는
0℃ 저온 숙성
7일 생생 소고기
1 0℃ 저온 숙성 7일 생생 소고기
2 상하이 '한우마을' 육가공센터
3 맛은 올리고 가격은 내리고
※ 한우마을의 육류는 안심하고 마음껏 드셔도 안전합니다!
韩牛村
한우마을
한우마을

하도록 준비했다. 중국에서 식당을 운영하면서 당찬 포부를 밝힌 젊은 사장의 마인드가 멋졌다.

농장에서 유통까지 책임져야 하기 때문에 '생생유통회사'도 설립했다. 가공 공장에서 부위별 미세가공, 숙성, 포장까지 한국 전문가에 의해 이뤄졌다. 2호점 인테리어를 진행해야 했고 중심상권 오피스빌딩 1층에 입점 예약도 해놓은 상태였기에 로고부터 캐릭터, 포스터, 유통과정 일러스트, 인테리어 적용 디자인까지 할 일이 참 많았다. 이렇게 동시에 많은 일들을 진행할 수 있는 것은 어지간한 내공과 경험이 없으면 불가능한 일이다. 그런데 '한우마을'이 해냈다. 이 업체가 진행하고 있는 비즈니스의 모든 과정을 일러스트로 표현했다. 한우마을 조홍석 사장은 먼길을 달려 찾아오길 잘했다며 감사의 말도 잊지 않았다.

그리고 몇 달 후 쑤저우에서 번화가인 관전가(观前街) 3호점에서 한우촌 컵밥(韩牛村扣饭)을 판매하고 싶다고 해서 디자인을 진행했다. 중국 대도시에서 컵복이를 판매하는 곳은 많았지만 디자인 마케팅 컨셉트로 시도한 컵밥은 한우마을이 처음이었다. 새로움에 도전하는 이들이 자랑스러웠고, 그들과 함께해서 뿌듯했다.

※한우마을의 육류는 안심하고 마음껏 드셔도 안전합니다!

"장사라는 게 돈을 버는 것도 중요하지만 밥을 먹고 나가는 손님의 반응을 보는 걸 즐겨야 정말 장사를 좋아할 수 있다." _백종원

디자이너가 경영자의 느낌으로 CI를 그려내듯,
경영자는 디자인적 사고로 회사의 방향을 그릴 수 있어야 한다.
그릴 수 없다면 '가게', 그릴 수 있어야 '기업'인 것이다.

안필승 작곡가 CI 디자인

06

이념과 국적이 다른 브랜딩 이야기

원칙을 전문가 같이 배워서, 예술가 처럼 어겨라

파블로 피카소 (Pablo Picasso)

이것은 자본주의 사상이 깊게 배어 있는 디자인?

[CI Episode 4]

평양 아리랑(平壤 阿里郎)

중국에는 있지만 한국에 없는 것! 그중 하나가 평양예술단 출신으로 구성된 공연을 볼 수 있는 평양식당이다. 조선족 사장님이 북한의 평양식당 총책임자와 진행하게 되었던 프로젝트로 디자인이 완성된 후 평양

붓글갈필체로 써 본 '평양'

평양아리랑 Membership Card

아리랑(平壤 阿里郎) 대표와의 첫 디자인 브리핑 자리에서 웃지 못 할 일이 생겼다. 한글과 중문으로 완성된 캘리그라피 로고 디자인을 보고 북한 책임자가 손사래를 쳤다.

"자본주의 사상이 깊게 배어 있는 디자인이라 사용할 수 없습니다."

잠시 정적이 흘렀다. 그리고는 북한 플래카드에 주로 사용되는 '붓글갈필체'로 진행해주기를 원했다. 조선족 사장님은 거액의 투자금이 들어가 있었고, 고급 인테리어로 장식된 식당에 붓글갈필체로 간판, 접시, 냅킨 등에 적용 될 것을 생각하니 도저히 안 될 것 같았는지 묘안을 내셨다. 북한 책임자가 지적한 자본주의 사상이 깊게 배어 있는 일부분만 수정해서 사용하기로 했다.

수십 년간 회사의 방향, 경영자의 가치관을 디자인해온 것에 나름 자부심이 컸었다. 그런데 평양 아리랑에서 사상과 이념 앞에 무릎을 꿇게 될 줄이야. '배움에는 끝이 없구나'를 느낀 잊지 못할 경험이다.

조선족 예술가 시선으로 본 디자인 마케터

[CI Episode 5]

조선족이 낳은 세계적인 안승필 작곡가

안승필 작곡가는 연주회 때마다 작곡한 커버디자인을 직접 디자인할 만큼 음악적 재능뿐 아니라 시각적 센스까지 갖췄다. 현재 프랑스 파리에 거주하며, 상하이 음악원 교수(PhD supervisor)와 그가 설립한 EAMC(The Electro-Acoustic Music Center, Shanghai Conservatory

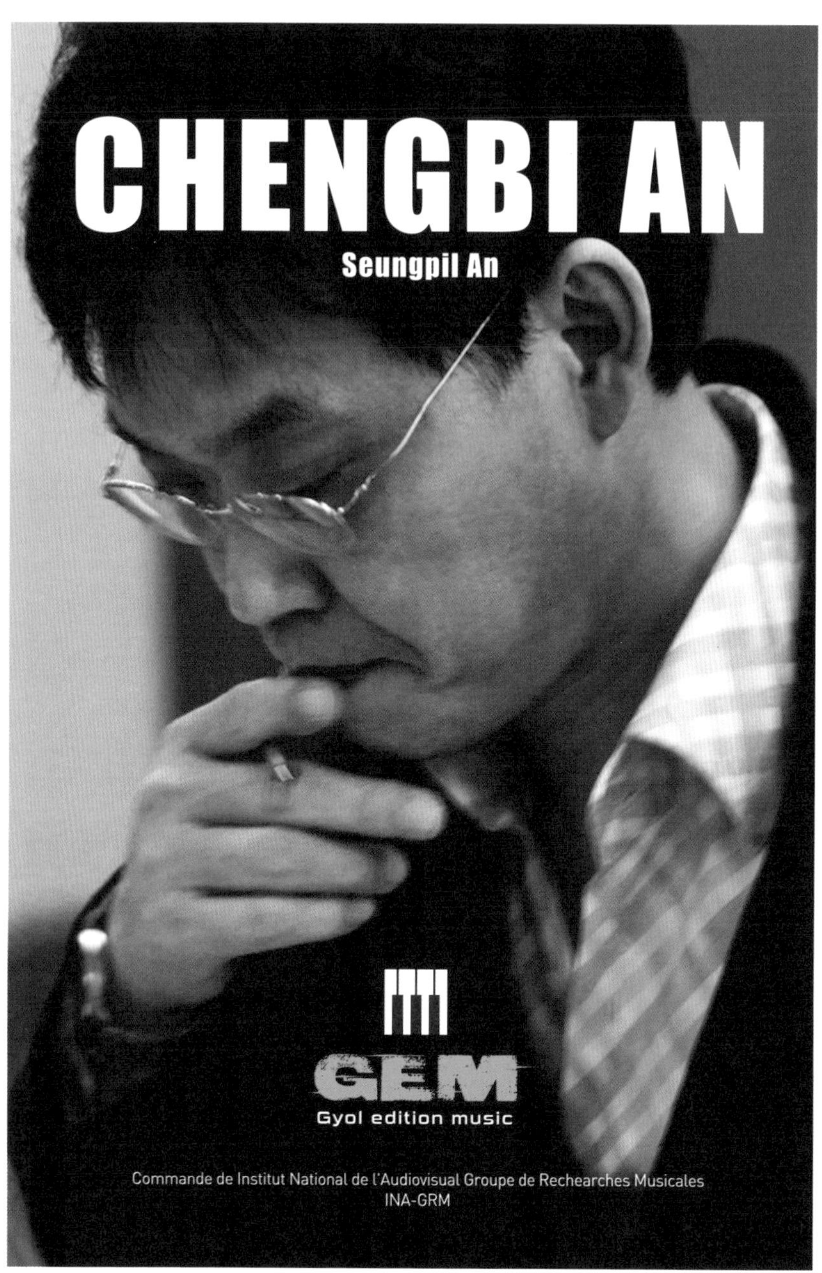
CHENGBI AN
Seungpil An
GEM
Gyol edition music
Commande de Institut National de l'Audiovisual Groupe de Rechearches Musicales
INA-GRM

of Music) 예술감독으로 활동하고 있다. 그의 개인 CI 디자인을 진행할 때, 그의 음악을 온전히 이해하고 디자인했다기보다 작곡한 악보와 작곡가인 그의 느낌을 표현했다.

그는 나를 '감독님'이라고 불렀다. 직업적인 특성 때문에 습관적으로 불렀을지도 모른다. 하지만 굳이 이 호칭을 정정하고 싶지 않았다. CI를 디자인하는 일은 한 사람의 일생, 한 회사의 방향을 하나의 이미지에 담아내기 위해 여러 가지를 고려하고 아우르는 감독의 역할이라는 생각을 평소에도 하고 있기 때문이다. 또 한 번 강조해보지만 디자인학과는 예술대학에 속해 있는 예술의 영역이다. CI는 예술가의 눈으로 회사와 개인의 가치를 담아내는 작업이다. 경영자의 운영 방향과 회사의 미래 전망을 그려야 하는 일이라는 측면에서 보면 CI는 예술경영이며, 이것을 그려내는 디자이너는 '감독'이라고 할 수 있다. 디자이너가 경영자의 느낌으로 CI를 그려내듯, 경영자는 디자인적 사고로 회사의 방향을 그릴 수 있어야 한다. 그릴 수 없다면 '가게', 그릴 수 있어야 '기업'인 것이다.

디자인 마케터, 브랜딩 마케터가 하는 일이 '감독'의 역할임을 깨우치게 했던 안승필 작곡가, 그는 1991년 상하이 음악원에서 작곡과 지휘를 전공했고, 1998년 파리국립고등음악원을 수석으로 졸업했다. 2007년 베를린 DAAD(An artist-in-residence program of the German Academic Exchange Service)의 상임 작곡가를 역임했으며, 2011년에는 난창대학에 전자음악 연구원을 설립했다. 또한 2003년 파블로 카잘스 뮤직캠프에 작곡 교수로 초빙되기도 했다.

2010년 5월, 교향악 〈결〉이 정명훈의 지휘로 Radio France 필하모닉

비전스토리(VISION story) 로비, 카페, 세미나실 인테리어 적용디자인

오케스트라에 의해 상하이 엑스포 개막 연주회에서 초연됐다. 이 작품은 2012년 9월, 중국 국립 오케스트라에 의해 베를린 필하모닉 홀에서 연주됐다.

또한 2011년 11월, 독일 문화부 위촉으로 콘체르트하우스 베를린 베르너 오토살 콘서트홀에서 〈Undercurrent〉를 초연했고, 같은 장소에서 2012년 5월, 안승필의 '초상'이란 주제로 DAAD 주관 초청 연주회를 가졌다. 또한 프랑스 문화부 위촉작품인 피아노와 아코디언을 위한 이중 협주곡 돈오 〈Dun.Wu〉가 프랑스 로렌 국립 오케스트라에 의해 2014년 1월 프랑스와 같은 해 3월 한국의 예술의전당에서 열린 〈제1회 안익태 페스티벌〉에서 연주됐다.

[CI Episode 6]

비전스토리(VISION story) 홍챠오 비즈니스센터

지금까지 이보다 더 경제적인 오피스는 없었다! 이것은 카페인가, 사무실인가!

중국 진출 시 초기 투자비용을 줄이고 대표처를 만들고 싶은 경우, 사업자 등록을 내고 사무실과 운영비를 감안하면 비용이 만만치 않다. 특히 사무실은 연간 단위로 계약하기 때문에 자유로운 월세 계약은 어렵다. 필요에 따라 규모를 늘리거나 줄이지도 못한다. 여건이 바뀌어 이전하려고 해도 쉽지 않다.

이 문제를 한 번에 해결하는 묘책이 생겼다. 법인설립과 세무회계 서비스는 컨설팅업체 '신성'에서 해결해주고, 참여한 업체들끼리 비즈니스

비전스토리 인테리어 후

인테리어 전

협력까지 할 수 있는 자유로운 공간을 마련해준다. 그 기발한 발상의 오피스가 바로 '비전스토리'다. 그 공동의 공간에 카페까지 마련된다니 그야 말로 꿈의 오피스, 바로 한국형 소호 사무실 프로젝트다.

신성컨설팅은 이전에 CI와 인테리어 컨설팅을 통해 디자인 마케팅의 중요성을 경험한 적이 있던 업체다. 또 인테리어에 변화를 주고 쾌적한 환경을 제공하는 것이 고객들에게 얼마나 큰 신뢰와 브랜딩 효과가 있는지를 경험했다. 비전스토리는 브랜드명부터 로고디자인, 인테리어 컨셉트, 맞춤 가구, 광고에 이르기까지 풀 패키지로 진행했다. 의류회사가 사용하던 사무실이었는데 화장실 변기조차 재래식이어서 하수관 배관공사를 확장해야 하는 등 작업이 어렵고 복잡했다.

인테리어 업체에 의뢰하지 않고 상하이저널 디자인센터를 찾아 왔다. 이유는 단순했다. 한국 인테리어 업체에게 맡기면 공사 자체의 결과물은 좋겠지만 중국 업체에 비해 가격이 2~3배 높은 견적이 나오기 때문. 한국 업체더라도 어차피 시공하는 사람은 중국인이다. 결국 디자인비와 감리비에서 가격 차가 벌어진다. 더 중요한 이유는 인테리어 업체는 그래픽 디자인을 별도로 진행해야 하기 때문에 추가 견적이 나온다는 것이다. 신성컨설팅 사장님은 이러한 사실을 잘 알고 있었다. 이러한 이유로 시공을 잘하는 중국업체와 표아트와의 콜라보, 한중 간의 조화를 택한 것이다. 인테리어 시공업체와 디자이너와의 콜라보 작업은 의뢰하는 업체가 원하는 완성도에 따라서 유연하게 진행되는 것도 큰 장점이 된다.

사무실 안에 작은 휴식 공간의 역할뿐만 아니라 설명회도 가능한 카페를 마련했다. 직장인이라면 누구나 꿈꾸는 그런 오피스가 탄생했다. 뒤

처음 가지고 있던 마음을 되새기는 것으로 끝나는 것이 아니라 그 마음을 바탕으로 문제를 해결해 나가는 행동까지 이어져 백번 넘어져도 다시 일어설 수 있는 나는 초심입니다.
당신을 응원합니다
처음 다짐했던 두근두근 떨리는 마음이 몸 안에 있습니다.

늦게 신성투자컨설팅 & 비전스토리 한태광 대표에게 디자인과 로고를 의뢰하는 이유를 물었다. “전문성을 통해 가치를 최대화하는 것이 첫 번째였어요. 두 번째는 믿음과 신뢰를 바탕으로 기업의 비전을 만들어가기 위해서였습니다.”

결론은 ‘가치’와 ‘비전’을 위한 선택이었던 것이다.

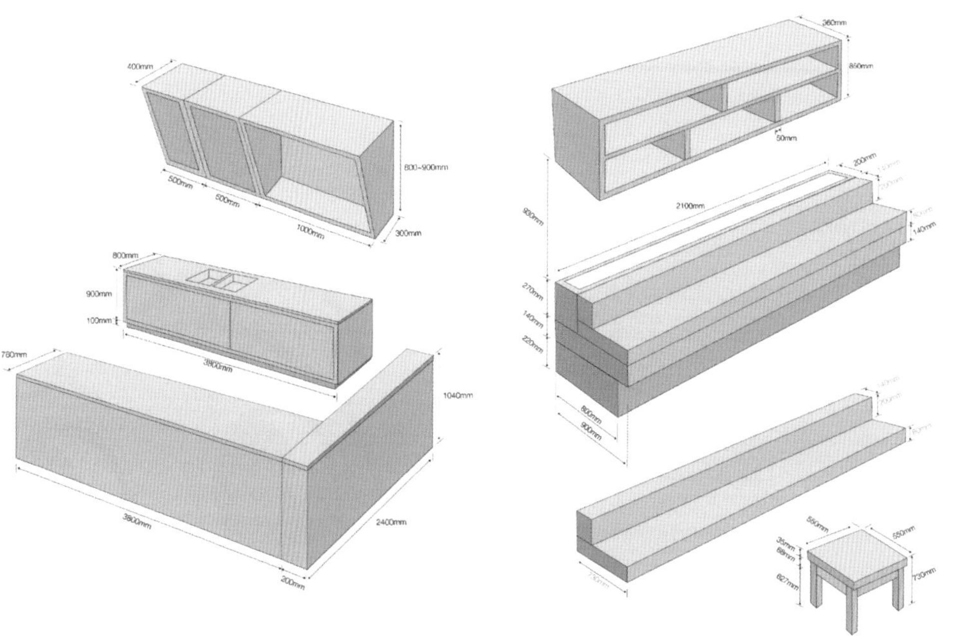

비전스토리 CI & 카페 주방 & 쇼파, 책장 설계

국가여행국의 정식허가를 받은
세진여행사(SEJIN)
캐릭터디자인

07

CI의 변신
캐릭터 브랜딩 이야기

You can't be happy everyday, but there art happy things everyday.

매일 행복할 수 없지만, 행복한 일은 매일 있어.

디즈니 곰돌이 푸

친근감이 필요하다면 캐릭터로

[CI Episode 7]

한국 철제팔레트 1등 기업 LogisALL(로지스올 众力物流)

로지스올은 전세계 최초 팔레트 공용 시스템으로 중국에 진출한 기업이다. 로지스올의 고민 중 하나는 중국인 담당자에게 철제 팔레트의 장점을 쉽게 빨리 설명하고 이해시키는 것이다. 중국 담당자를 만나서 일

곰팡이·벌레·분진 발생 으악~~

아직도
목재 파렛트 쓴다구요?

깨끗하고 편리한
플라스틱 파렛트 써야죠~

한국 철제팔레트 1등 기업 LogisALL(로지스올 衆力物流) 캐릭터디자인 & 만화광고

일이 설명하는 시간도 많이 걸리는데, 중국인들은 관계를 중요하게 여기니 무시할 수도 없고, 그래서 중국에서 비즈니스를 간소화할 수 있는 방안을 찾고 있었던 것이다. 그래서 내린 결론은 길게 설명하지 않더라도 곧바로 이해할 수 있도록 만화로 표현하기로 하고 프로젝트를 진행했다.

중국은 목제 팔레트를 80%를 사용하고 있는 상황이라 철제 팔레트의 성장 가능성이 높은 분야다. 목재는 수분과 곰팡이로 인해서 썩는 문제도 있지만, 크린룸에서는 분진 문제까지 심각해서 보이는 비용보다 보이지 않는 비용이 많이 든다. 플라스틱 팔레트를 사용하면 단가가 높아진다. 로지스올 공용시스템은 필요할 때 그만큼의 양만 사용할 수 있고 사용 현황을 분석, 설계, 최적화했기에 효율성이 높고 가격까지 낮게 적용할 수 있어 창고비, 관리비, 인건비에 탄소배출권까지 물류비용이 혁신적으로 절감되는 장점이 있다. 만화홍보물을 만들고

백세로(Lucking bay) 캐릭터 & 포장디자인

RFID기술을 접목해 상품과 팔레트 맵핑 시스템을 이해하기 쉽고, 또한 소비자가 친근하게 다가갈 수 있도록 만화 캐릭터를 제작해 다양한 광고를 진행했다.

이번 생에 '해삼 캐릭터'는 처음이라

[CI Episode 8]

상조실업(祥潮實業) 백세로(Lucking bay)

디자인 마케팅을 통해 성장해온 회사들을 만나는 것은 말로 표현하기 힘든 희열을 느끼게 해준다. 이 희열감이 또 나를 성장시킨다. 해삼을 청정바다 제주도에서 잡아 전문기술과 장비로 삶아서 말려 건해삼으로 만든 뒤 중국에서 유통하는 업체 '상조실업'이 그중 하나다.

디자인 마케팅 프로젝트를 하다 보면 전혀 관심을 두지 않았던 분야의 일까지 의뢰 받게 되는 일이 생긴다. 건해삼이 그 경우다. 바다의 산삼으로 불리는 해삼은 생해삼과 건해삼으로 나뉜다. 생해삼은 오도독한 식감으로 회로 주로 먹고, 건해삼은 부들부들한 식감으로 요리에 사용한다. 건해삼은 물에 잘 불린 후 사용하는 번거로움 때문에 일반인들이 잘 사용하지 않는 고급 식재료이기도 하다. 아무리 해산물이지만 비호감적인 생김새 탓일까. 사랑하는 마음을 담아야 제품도 예쁘게 나올 텐데 약간 걱정되는 마음으로 상조실업 '백세로' 한은주 대표를 만났다.

한 대표는 중국의 일반 가정 식탁에 올려놓을 수 있는 제품을 만들겠다며 당찬 포부를 밝혔다. 해산물을 취급하는 경쟁 업체들과 차별화 전

백세로 '건강집사' 캐릭터

Look at the
Lovely little baby

看着可爱的小宝贝

베이비타운(Baby town) 캐릭터

략으로 캐릭터를 만들기로 했다. 건강을 책임지는 집사(執事) 복장을 한 귀여운 펭귄으로 캐릭터를 완성했다. 해삼을 보다 친근감 있게 아이들도 좋아할 수 있는 제품이 되기를 바라는 마음으로 캐릭터 인형으로도 만들 수 있도록 디자인했다. 백세로의 '건강집사' 펭귄 캐릭터는 현재 한국 지방지자체 사무소들이 입주해 있는 Shanghai Mart(上海世贸商城; 延安西路2299号 2층) 전시관에서 제주산 건해삼을 홍보하고 있다. 디자인 마케터의 기를 모아 CI를 귀여운 캐릭터로 탄생시킨 '건강집사'가 K-FISH 한국수산식품관에서 새 도약을 꿈꾸는 백세로의 꿈을 돕는 캐릭터가 되길 희망한다.

후드티 입은 판다 보셨나요?

[CI Episode 9]

프리미엄 베이비카페 Baby town

디자인센터를 운영하면서 업체마다 예산과 난이도가 다르기에 경우에 따라 다른 디자인 업체를 소개시켜주기도 한다. 의뢰 받은 모든 일을 다 할 수도 없거니와 제작과 설치작업이 포함된 경우에는 디자인만 진행하는 것이 단가를 줄일 수 있고, 이 방법이 오히려 클라이언트에게 도움이 되기 때문이다. 몇 번 제작 설치작업을 소개시켜줬던 조선족 사장님이 운영하는 디자인 업체에서 중국인 클라이언트와 함께 회사를 방문했다.

상하이에 있는 한국 프렌차이즈 키즈 카페 중국인 대표는 초기 계약 단계에서 서명했던 로열티 지불이 불합리했지만 교육비라고 생각하고

베이비타운(Baby town) 캐릭터를 적용한 인테리어

운영해왔다고 한다. 그런데 운영이 안정된 시기에도 계속해서 같은 금액의 로열티를 요구해서 사용 연장을 하지 않기로 결심했다고 한다. 그리고 경험이 쌓인 만큼 자신만의 브랜드를 만들고 싶다는 생각이 들어 새로운 디자인과 브랜딩 마케팅을 위해 찾아온 것이다. 입점할 건물도 공사가 진행 중이었고 이미 중국 디자인 업체에서 만든 로고 디자인도 완성된 상태였다. 그런데 왜 나를 찾아 왔는지 의아했다. 더욱이 만들어진 로고에도 만족감이 큰 상태였다. 이유는 조선족 디자이너 친구의 눈에는 도무지 그 로고가 예뻐 보이지 않았기 때문이다.

프로젝트 진행과는 상관없이 방문한 부부에게 그동안의 사례들을 보여줬다. 디자인 마케팅과 브랜딩 과정, 이미 만들어진 로고가 다양한 형태로 만들어져 활용될 경우 보완해야 할 부분도 설명했다. 이미지 하나에 얼마나 많은 이야기가 들어 있는지, 얼마나 큰 확장성을 갖고 있는지를 경청하고 난 후 캐릭터 제작 견적을 받아 갔다. 다음날 CI, 캐릭터 디자인부터 인테리어 응용 프로젝트까지 진행됐다.

이 캐릭터는 아이들 눈높이에 맞는 친근감과 귀여움도 필요했지만 콧대 높은 상하이 맘들의 눈에 들어야 하는 것이 관건이었다. 중국이니 판다를 대표 캐릭터로 내세우고 싶었는데 중국에서 판다 캐릭터는 넘치고 넘친다. 달라야 하고 지금껏 없는 캐릭터야 했다. 그래서 판다의 변신, 후드티를 입혔다. 후드티를 입은 판다는 세계 최초였으니까. 그리고 프리미엄 베이비 카페라는 이미지를 주기 위해 라인과 카카오프렌즈처럼 다양한 스타일과 표정을 가진 캐릭터를 탄생시켰다. 카페 곳곳에 캐릭터들을 배치 시켜 놀이동산에 온 듯한 느낌을 줬다. 캐릭터 사용 연장 계약

德站琪

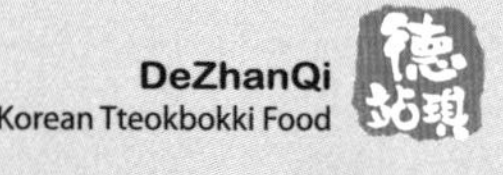

떡잔치

떡잔치 캘리그라피 로고 & 캐릭터 디자인

을 중단해 더 이상 한국 프렌차이즈는 아니지만 한국적인 고급스러운 친근감을 유지하는 캐릭터로의 변신은 가히 성공적이었다.

모든 사람을 만족 시킬 수는 없다. 한국의 대표 디자인 업체 가운데 한 업체는 누가 보더라도 그 회사만이 가지고 있는 독특함이 모든 디자인에 표현된다. 고객의 생각과 방향을 담는 것을 기본으로 하지만 디자인회사만의 특색도 담겠다는 분명한 의지를 표현하고 있는 것이다. 이 자신감은 어디에서 나온 것일까? 그것은 오랜 경험과 변화하는 데 주저함이 없는 창의적인 생각들이 만들어낸 철학이 바탕이 되었을 것이다.

떡잔치 벌인 먹쉬돈나

[CI Episode 10]

떡잔치(德站琪)

상하이에 떡볶이 열풍이 불었다. 이 열풍의 주역 '먹쉬돈나'. 센샤루(仙霞路) 본점은 말할 것도 없고, 상하이 중심 상권인 쉬자후이(徐家汇) 일월광센터(日月光中心) 지하 푸드코트 중 내로라하는 맛집들을 제치고 언제나 사람들이 가게 앞에 줄지어 서 있는 광경은 요식업 사장님들의 부러움을 샀다. 그런데 중국 시장에서 한국 떡볶이 돌풍을 일으키며 승승장구하던 그때 마찰음이 생기기 시작했다. 예상보다 훨씬 장사가 잘되다 보니 한국 본사의 요구와 중국 매장 운영자의 의견이 엇갈렸다.

본사와의 줄다리기 끝에 '먹쉬돈나'는 '머슈둔나'로 바뀌었다. 그동안 인기가 브랜드 인지도 아니었음을 증명하듯 열풍은 지속됐다. 중국인들이

떡잔치 센샤루(仙霞路) 본점

봤을 때는 '먹쉬돈나'든 '머슈둔나'든, 설령 '마돈나'더라도 중요하지 않다. 한국의 새로운 음식문화와 독특한 맛에 매료된 것이지 그것이 꼭 그 브랜드였기 때문에 선택한 것이 아니라는 것이다. 결국 본사 측과 원만한 해결점을 찾지 못했고, 본사는 직접 중국에 진출했다. 안타깝게도 오래지 않아 문을 닫았다.

어려운 중국 비즈니스 환경 속에서 업체들의 고군분투로 일군 것이 마치 브랜드 덕인양 요구가 높아지는 경우가 가끔 있다. 과연 본사가 중국에 직접 진출했더라도 결과는 같았을까? 수익을 올리는 건 고사하고 중국 시장의 높은 벽 앞에 좌절했을 가능성도 배제하지 못한다. 자사 브랜드가 중국에 진출해서 잘나가고 있을 때는 로열티를 요구하기보다 이를 기회로 적극적으로 홍보하고 지원했더라면 어땠을까. 더 큰 시장으로 확대해 나갈 수 있는 발판이 됐을 것이라는 아쉬움이 남는 기업들이 많다.

우여곡절을 겪은 중국 측 운영자는 문제가 더 커지기 전에 현재의 '머슈둔나'의 브랜드 명을 바꾸겠다며 나를 찾아왔다. 새로운 브랜드명을 '떡마당(德庭园)'으로 정했다. 디자인까지 완료하고 상표등록 과정에서 문제가 발생했다. 일반명사인 '정원'이라는 뜻의 '팅위엔(庭园)'을 브랜드 명으로 사용할 수 없다는 것이었다. 그래서 중국에서 브랜드 등록을 할 때 10개 정도 이름을 가져올 것을 주문한다. 그만큼 원하는 이름이 이미 등록된 경우가 많기 때문이다.

이때 중국에서 한 오랜 경험은 빛이 난다. 순한글을 중문으로 표기하는 방법이다. 한국의 순 우리말 '잔치'로 바꾸기로 하고 중국어 표기는 소리 나는 대로 'ZhanQi'로 바꿨다. 이렇게 탄생한 '떡잔치'는 3호점 오픈을

쉬자후이(徐家汇) 일월광센터점(日月光中心店)

준비하면서 캘리그라피 로고, 캐릭터, 인테리어 컨셉트, 디자인까지 진행했다. 브랜드를 만들어가는 과정은 아이가 잘 성장하기를 바라는 부모의 마음과 같다는 것을 다시 한번 느낀 소중한 경험이었다.

광고에서 캐릭터 사용은 모델에 비해 제작비도 경제적이다. 시리즈 제작이나 패키지, 상품 개발 등 다양하고 광범위하게 사용할 수 있는 장점이 있다. 규모는 작지만 임팩트 있는 홍보가 필요한 업체에게 '브랜드 캐릭터'를 추천하는 이유다.

당신의 이야기를 디자인하라!
그것이 바로 경쟁력이자 흉내 낼 수 없는 브랜딩이다!

모든 브랜드는 이야기다. **그 외 함께했던 CI 주요 프로젝트**

상하이저널, 좋은아침(**城市漫步杂志**), 로젠코코, 중국통, Forhi **富通海联**, 마이골프(MY GOLF), LEGAOLE(**乐高乐**), 에코실(ECO SEAL), 마도성공(**马到成功**), **爱得** Graphics, SALT express, 중국한인CBMC대회, 보성금융(**保盛金服**), 코리아부동산(**考力亚房地产**), G마트, 1004마트, 마리(Marie), 신아트 스튜디오, I♡Morning, SETI academy, 신성투자컨설팅, 골삼이삼, 진세투어, 데이지 Daisy, 천보헌(**天辅轩**), 장백산(**長白山**), 추담골, 피치사랑(**比奇雅**), 카페BULLER, 화랑, 다락방(풍족), 장수왕, 서울대동문회지 버들골, 홍동(**虹東**), 마마레시피(mama Recipe), 화로연각(**火爐緑閣**), 전라도(**全罗道**) 등

하나투어가 추천하는 상하이 BEST 100

PART 03

디자인도, 경영도
'테크닉'아닌 '씽킹'

디자인 마케팅의 힘, 질문의 힘

세상을 바꾸기 위한 상상력을 가진 모든 사람은 디자이너!

이제는 디자인 씽킹시대 WHAT + Design

The Company that can Draw a Vision

콘셉트의 광고에 직원들도 참여했다. 함께 치유하고 함께 성장해갔다.

때론 광고주의 고객(소비자)의 마음을 읽기 전,

광고주(판매자)의 마음을 치유하는 것이 우선일 때도 있다.

photo_CHHONG CHOEUNG SCHOOL 등굣길

CAMBODIA

명보캘린더 표지 일러스트_acrylic, Jesso

당신이 사랑하는 일을 하면 일이 더 쉬워진다.

페이스북 CEO 마크 저커버그(Mark Zuckerberg)

08

디자인 마케팅의 힘 질문의 힘

모든 것을 다 바꿔라. 브랜드의 철학만은 바꾸지 마라.
변화는 꾸준히 본질은 그대로 준비하라.

엉뚱 발칙한 표아트의 질문들

세계 100대 일러스트 작가가 되는 꿈을 꿨다. 돈을 버는 것에는 재주가 없다고 생각했다. 대학시절 교수님께서 미국 가서 10년 동안 그림을 그려보라고 권하기도 했다. 그 당시는 한국에 미술치료학 박사가 없던 시기였다. 하지만 꿈을 위해 도전할 경제적인 여유가 나에겐 없었다. 졸업 후 전공을 살려 직업을 택하고 미래를 설계해야 했던 시기였다. 고민이

많던 20대, 디자이너로서 무엇을 할 것인가? 일스트레이터가 돼서 무엇을 그릴 것인가? 기로에 섰다. 나의 고민과 질문은 단순 명료했다. 상업고등학교 정보처리과를 졸업해서 계산하는 것은 빨랐지만 돈, 금융, 재테크 지식은 없었던 것과 다르지 않았다. 나의 20대의 선택은 배움과 경험의 깊이, 환경에 가로막혀 딱 그 정도 수준의 질문에 갇혀 있었다.

사람은 역시 환경의 동물이다. 부동산 붐이 일고 있는 상하이에 온 40대의 나의 질문은 달라졌다.

"여유 있는 사람들은 바로 집을 구매하면 되지만, 종잣돈도 없는 사람들은 어떻게 하나?"

그렇게 시작된 질문은 꼬리에 꼬리를 물었다.

"10만 위안(한화 약 1700만원)으로 집을 살 수 있으면 좋겠다!"

그렇게 탄생한 것이 '홈씨드(Home seed)' 프로젝트다. 집을 만들기 위한 씨앗, '씨앗집'을 기획하게 됐다.

저축 이자의 매리트가 사라진 지 오래고, 연 평균 급여 상승률보다 집값 상승률이 빠르다는 것은 세상 모두가 알고 있다. 특히나 상하이에서 주택시장 투자 수익률은 어떤 투자와도 비교할 수 없었다. 하지만 돈이 있는 사람들 얘기다. 그래서 또 질문을 던졌다.

"부동산은 돈 있는 사람들의 전유물이 돼서 부가 부를 창출하는 구조로 반복되고 있는 것 아닌가?"

"도시 하나에 집 한 채만 있다면 한 도시만 품을 수 있지만 적은 돈으로 여러 도시에 구매한다면, 여러 도시에서 미래를 그릴 수 있지 않을까?"

이러한 생각은 해외생활을 경험해본 사람이라면 이해가 빠를 것이다.

"새 하늘을 그리며"

파란 하늘이 높이 떠 있습니다.
터널 속에서 요란한 소리들이 들려옵니다.
"이 터널은 왜 이렇게 긴 거야?"
"아직까지 터널이야?"
"너무 캄캄해! 아무것도 안 보여!"

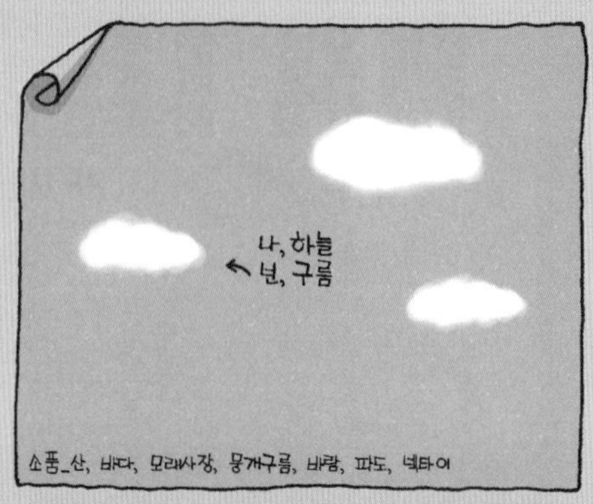

터널 밖에서 요란한 소리들이 들려옵니다.
"와~ 멋진 산이다!"
"저기 바다도 있다!"
"야, 신난다!"

잠시 후 산 너머에서 메아리가 들려옵니다.
"뭔 산이 이렇게 높은거야?"

바다도 처얼썩 큰 파도로
쉼 없이 으르렁거립니다.
그래도 하늘은 여전히
파란 얼굴로 웃고 있습니다.

하늘이 무너져도 솟아날 구멍이 있었습니다.
그곳은 바로 새 하늘이었습니다.

글 김은우 작가 / **일러스트** 표병선

이 질문에서 조금 더 나아갔다.

"갈수록 힘들어지는 젊은이들이 보다 빨리 금융이나 부동산 전문가를 만나 경제적 자립이 빨라진다면 좋지 않을까?

젊은 세대들이 단지 경제적인 이유로 하고 싶은 일을 포기하거나 미래와 타협하는 일은 없었으면 하는 생각에서 던진 질문이었다. 20대의 내가 그랬던 것처럼.

디자인 마케터가 쏘아올린 질문 '1700만원 집주인되기'

시련은 피할 수 없음을 받아들인 후에야 내 안에 새 하늘이 있음을 알았습니다. ina.

오랜 고민 속에서 탄생한 질문들은 결국 질문자가 답을 찾아갈 수 있다는 것을 경험한 사례다.

대학생 N인턴에게 말했다. 부모님이 대학공부까지 시켜줬는데 결혼 자금까지 마련해주려면 부담될 것이다. 그러니 앞으로 결혼 자금은 직접 벌겠다고 말씀드리고 결혼 자금 중 5분의 1을 먼저 지원해 달라고 제안해보라고 권했다. 당연히 이유 없이 달라면 안 주시겠지만 미래를 구체적으로 만들고자 한다는 계획을 말씀드린다면 허락해줄 것이라 믿었

"두발 딛고선 땅위에"

어느 해인가 꼭 이맘 때,
순전히 두 발로 걷는 여행을 한 적이 있습니다.
한 여름의 땡볕 아래서 하루에 20~30km씩 걸었습니다.
자동차로 간다면 20분만에 주파했을 거리를,
온 하루를 다 들여서 걸어갔지요.

누군가는 미련하다고 했습니다.
누군가는 한심하다고 했습니다.
그 시간에 처리할 수 있는 많은 일들에 대해 열거했습니다.

그러게나 말입니다.
세상은 1분 1초를 다투며 획획 돌아가고 있으니까요.
지구촌은 이미 시공간을 뛰어넘어 실시간으로 연결돼 있으니까요.
굳이 몸을 움직이지 않더라도 많은걸 얻을 수 있는 세상입니다.

그런데도 그 단조로운 걷기여행이 잊히지 않습니다.
길 위에 찍힌 발자국의 수 만큼만 앞으로 나아갔습니다.
걸으면 걸을수록 머릿속은 하얘지고
쉬고 걷고 먹고 잠드는 본능만이 남았더랬습니다.
속도 경쟁에 묻혀버린 감성들이 느린 세상속에서 되살아났고
그제서야 비로소 시간의 주인이 될 수 있었습니다.
삶이란 녀석도 두발 딛고선 땅 위에 있음을
7월의 땡볕 아래서 알았습니다.

당신이 시간의 주인이 될수 있음을 잊지 마세요.

글 안지위 / **일러스트** 표병선

다. 나는 내 아이들이 그렇게 말한다면 마련해줄 것 같았기 때문이다. 예상대로 그의 부모님도 아들을 믿고 1200만원을 마련해줬다. 당시 인민폐 8만 위안으로 씨앗집을 갖게 됐다. 7년 8개월이 흘렀고, 20%의 지분으로 대출금을 갚고 70만 위안(한화 1억 2500만원)의 부를 창출했다. N인턴이 작게 시작했던 꿈이 그의 미래가 됐다.

이런 경험을 하면서 기업도 같을 것이라 생각했다. 아무리 좋은 기획을 갖고 있고 미래를 열어줄 제안을 하더라도 리더가 받아들이지 않는다면 성공의 기회는 멀어진다. 회사 리더와 직원들과의 생각의 방향이 같았을 때 최고의 결과를 만들어낸다. 그저 말뿐이 아닌 성공으로 가는 가장 기본적인 요소가 되지 않을까 싶다. 이 경험을 계기로 이후 주도하는 프로젝트의 키워드는 "고민하고 또 고민해서 던진 질문의 시작점"이 됐다.

그것이 진행형이든 아직 미완성인 상황이든 상관없이 첫 질문은 "내가 그것을 하기 위해서 우리는 무언가에 대한 질문을 심도 있게 해봐야 한다"는 것이다. 그렇지 않고 누군가 하겠지, 회사가 해결해주겠지 하는 의존적인 생각은 그 자체가 나의 창의성을 갉아먹고, 제한을 두게 만들고, 여럿이 함께하는 일에 걸림돌이 될 것이기 때문이다.

질문에도 '급'이 있다

이제 '나'부터 먼저, 현재 '나'의 위치에서, 이곳에 '왜' 있는가를 질문해 봤으면 한다. 질문하지 않고, 답을 찾으려 노력하지 않고, 이미 누군가

삼성물산 라피도(RAPIDO) 광고일러스트

찾아놓은 가치 있는 비즈니스 정보를 너무 쉽게 얻으려고 했던 것은 아니었는지 생각해봐야 한다. 내 것이 더 소중하고 상대의 것은 덜 소중하다고 여기는 이기적인 사고, 그 생각부터 바꿔야 한다. 그래야 내 안의 깊숙한 곳에서 고민에 고민이 담긴 알짜 질문이 나올 수 있는 것이다.

비즈니스 세계에서도 보이지 않는 정보에 대한 가치를 존중하는 문화가 필요하다. 특히 해외 비즈니스에서는 더욱 그렇다. 클라이언트가 싼 것만 찾는 것을 보면 뭐라고 지적하면서 결국 나 자신도 더 싼 것만 찾지는 않는지 자문해볼 필요가 있다.

"이 가격이면 거래처는 이익이 없지 않을까요?"

대기업 광고 담당자가 상사에게 물었다.

"당신이 왜 그 업체를 걱정하느냐?"

그 업체는 우리 실적을 갖고 더 많은 일을 할 텐데 쓸데없는 오지랖이라는 얘기다. 대기업과 일할 때는 수익을 기대하지 말아야 한다는 것인가. 업체 실적에 대기업 이름 한 줄 올렸으니 이미 그 값을 치렀다고 믿는 것인가. 슈퍼 갑이었던 대기업 임원의 힘은 퇴사 후 어디로 갔는지 '질문'하고 싶다. 이제 나와 상대를 위한 배려를 기반으로 한 질문이 필요한 시대다. 디자인으로 먹고 사는 회사가 '고객 스스로 디자인할 수는 없을까'를 고민해 화제의 디자인 앱을 만들어냈듯 질문에도 '급'이 있다.

세상에 던지는 당신의 질문은 무엇인가요?
그 질문이 곧 '나'라는 브랜드의 수준이 되기 때문입니다.

Pyo ji woo
EAST CHINA NORMAL UNIVERSITY
April 5. 1999
Happy birthday

09

세상을 바꾸기 위한 상상력을 가진 모든 사람은 디자이너!

신념을 가지고 새로운 패러다임에 뛰어들라,
안전이 확인된 후 도착해봤자 그곳에 당신 자리는 없다.

조엘A. 바커 (JoelA Barker)

"날아가도 놀라지 말아요"

디자이너는 조금 더 시각적으로 사물과 관념을 표현해낼 수 있는 사람이다. 그리고 그 과정들이 숙련돼서 생각도 조금 더 자유롭게 할 수 있는 사람들이다. 감각적인 부분도 있지만 훈련이 돼 있는 것이다.

세상에는 상상력이 뛰어난 사람들이 참 많다. 예전에는 언어(외국어)를 잘하는 사람들이 촉망 받는 시기가 있었다. 고등학교 시절 영어 선생

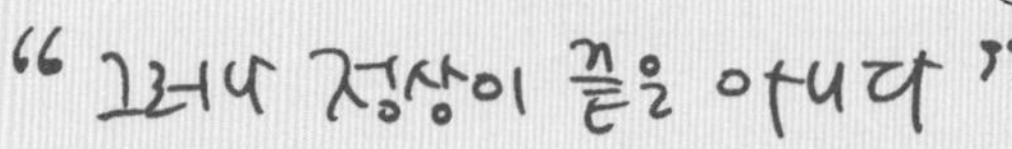

전설적인 산악인, 한스 카멀란더에 대한
기록서의 제목입니다.

산에 다녀 본 사람들은 알죠.
정상까지 올라가기도 쉽진 않지만
사실 더 어려운 일은 하산이라는 것을.
대부분의 산악사고도 하산길에 일어난다는 점을.
목표를 위해 동원했던 놀라운 집중력과 긴장감도
완성과 동시에 흐트러져 버리게 마련인가 봅니다.

어찌보면 오르락 내리락하는 삶의 능선에서도
마찬가지가 아닐까요.
일이건 사랑이건 최상의 것을 만들기 위해 노력하지만
그것을 지키고 관리하기란 녹록치가 않으니 말입니다.

어느덧 6월입니다.
한 해의 절반까지 왔으니 산으로 친다면 정상쯤 될까요.
이제부터 하산길에 신경을 써야 겠습니다.
의미 있는 2006년으로 기억하기 위해서 말입니다.

글 안지위 / **일러스트** 표병선

님은 사전을 뜯어 먹을 정도로 영어 공부에 몰두했다며 단어 암기를 강조했다. 외국어 능력이 비전을 안겨주는 시대였다. 지금도 유창한 외국어 실력이 소통에 유리한 장점을 갖고 있는 것에는 변함이 없다. 글로벌 비즈니스에서 빼놓을 수 없는 중요한 요소기도 하다.

모바일 세계가 많은 변화를 가져다 주고 있는 현재는 언어적인 부분이 다소 약해도 기죽지 않는다. 비주얼 시대에 맞게 영상, 유튜브 등이 일반화 되면서 창의력과 상상력을 얼마만큼 가졌는지가 그 사람의 재능이 되고 이 재능이 강점이 되고 있다. 마법의 성처럼 "날아가도 놀라지 말아요"가 자연스러운 그룹이 이기는 것이다.

또한 지금은 디자이너 출신의 창업가 전성시대다. 이들은 스타트업에서 맹활약 중이다. 에어비엔비(airbnb) 설립자들은 로드아일랜드스쿨 오브 디자인(Rhode Island School of Design) 산업디자인 전공자들이다. 호텔 숙박 시설 디자인을 할 것 같은 두 사람이 생각을 바꿔 숙박시스템을 디자인해 어마어마한 회사를 만들어냈다.

핀터레스트(Pinterest)는 내가 좋아하는 인테리어, 건축, 디자인 등을 각각 분류해내 보드에 이미지를 저장할 수 있다. 이런 아이디어의 발상은 설립자 벤 실버먼(Ben Silbermann)이 우표, 곤충 등 수집이 취미였기

'인간을 위한 디자인'

두 장의 사진을 비교해보면 '인간적인' 디자인은 어떤 것인지 쉽게 구별할 수 있을 것이다.
위 사진은 2014년 4월 세월호 사건 당시 유가족 및 실종자 가족들이 모여 있던 진도체육관의 모습이다. 아래 사진은 2011년 동일본 지진 재해지역에 설치된 반 시게루(Ban Shigery, 坂茂)의 종이와 천을 이용한 임시수용소 모습이다.
반 시게루는 세계 각지의 재해지역에서 종이 주택을 만드는 지원활동을 해온 건축가로 2014년에 '건축계의 노벨상'이라 불리는 프리츠커 상을 수상했다. (사람과 사람의 살결이 서로 스치고, 통곡과 욕설이 바로 귀 옆에서 들리는 어수선한 현장을 두고 한국적인 '인간적인 현상'이라고 느끼는 분들이 없기를 바란다.) 소외계층, 빈민, 재난에 처한 피난민들을 포함하여, 타인과 공공의 이익을 위한 디자인을 고민하는 사람들이 휴머니스트 디자이너들이라 할 수 있다.

송주영(미술교육연구가, 전시기획자)

때문에 가능했다. 사람들이 각자 수집한 것을 공유하는 웹사이트가 있으면 어떨까 하는 생각에서 출발했다고 한다.

이들의 성공 비결은 사용자의 경험을 이해하는 것, 사용자 입장에서 문제를 해결하는 탁월함에 있다. 그만큼 문제 해결 능력이 중요하다는 뜻이다. 한국사회의 문제 해결 역량수준은 OECD 국가 중 최하위권인 29위다. 참으로 씁쓸한 순위다.

창의력과 상상력은 꺾어야 제 맛?

에어비엔비 창업자들이 한국 대기업 디자인팀 사원이라고 가정해보자. 마케팅팀이나 리더들이 디자인을 바꾸라고 했을 때, 역량 발휘가 가능할까? 아마 "창의력? 상상력? 어디에 쓰는 파워지?" 할 것이다. 마케팅팀에서 "책임질 수 있느냐!"는 한마디에 창의력은 사라질 것이다. 리더의 헛기침 한 방에 상상력은 갇히게 될 것이다. 개인기보다 조직의 시스템과 관행, 제도 등이 강요되면서 상상의 나래는 꺾이고 만다.

그렇다면 벤 실버먼이 한국에서 대기업이 아닌 스타트업을 하면 성공할 가능성이 있을까. 대기업 구조가 강세인 한국 실정에서 벤은 다양한 갑질의 높은 장벽에 부딪칠 것이다. 대기업 담당자들도 대부분 전문가가 아닌 경우다 보니 외국어 실력만큼 소통 능력이 요구될 것이다. 디자이너를 포함해 창작 활동을 하는 사람들에 대한 보상이나 예우가 낮은 한국에서 결국 벤은 다시 대기업에 입사지원서를 넣게 될 것이다. 그리고 에어비엔비 창업자들처럼 대기업에 입사해 창의력과 상상력 따위는 개

1960년대 인도네시아 발리섬 원주민들은 잦은 화산 폭발로 많은 피해를 입고 있었는데, 라디오를 통해 미리 예보 및 경고조치를 들을 수만 있어도 많은 인명피해를 줄일 수 있다고 생각한 파파넥은 단돈 9달러의 깡통라디오를 디자인했다. 연소가 가능한 각종 오물과 파라핀 왁스가 깡통라디오의 동력원이 되는 물건이다.

그는 주민들에게 각자의 취향에 따라 라디오를 직접 꾸미게 하여 주민들의 참여를 유도했다. 미리 대피할 수 있게 된 발리 주민들의 재난 사망률이 현저히 낮아졌다고 한다.

송주영(미술교육연구가, 전시기획자)

나 줘야 하는 일을 반복하게 될 것이다.

'경영하는 디자이너' 배민(배달의 민족) 김봉진 대표가 박수 받는 이유, 특별한 설명이 필요 없을 것 같다. 그가 가장 존경하는 디자이너는 빅터 파파넥(Victor Papanek)이다. 배민 본사에는 빅터 파파넥의 글 '인간을 위한 디자인'이 붙어 있다고 한다.

한국의 고질적인 문제를 해결하기 위한 방법은 무엇일까. 무대를 바꾸는 것이다. 한국에서만 머무는 것이 아니라 한국의 유능한 인재들이 아시아를 무대로 마음껏 능력을 펼칠 수 있도록 아시아에서 활동하고 있는 비즈니스 국가대표 기업들을 국가적 차원에서 돕는 것이다. 도움을 받은 기업들은 인재들이 더 큰 무대로 진출할 수 있도록 도울 수 있는 국가간 인큐베이팅 시스템이 정착됐으면 좋겠다. 사업 분야에서는 조금씩 M&A를 통해 협력을 시도하고 있지만 경제적인 부분에서 뜻이 맞지 않거나 서로의 이익을 먼저 추구하고, 관계가 실력보다 우선시되는 상황이다 보니 말뿐인 협력에 그치고 마는 것이 현실이다.

우리 모두가 4차 산업혁명시대에 살고 있지만 우리의 뇌는 19세기에 맞춰 프로그램 돼 있는 듯하다. 더욱 안타까운 사실은 우리 모두가 그것을 모르고 있거나 관심을 두고 있지 않다는 데 있다.

디자인은 상품과 환경, 나아가서는 디자이너 자신까지
바꿀 수 있는 인간에게 주어진 가장 강력한 도구다.

빅터 파파넥(Victor Papanek)

디자인의 시작은 공감이고
사람들을 진심으로 이해하는 마음에서 시작됩니다.

10

이제는 디자인 씽킹시대 WHAT + Design

브랜딩의 시작은 소비자에게 무슨 상품을 팔지가 아닌 어떤 가치를 팔까라는 철학적 질문에 답함으로 시작된다.

유니스타브랜드(UnitasBRAND)

디자인 씽킹이 불러온 100만 위안의 효과

지금은 디자인 씽킹(Design Thinking)시대다. 심각한 회의, 식후 티타임에서 생뚱맞은 이야기를 많이 한다는 반응을 듣곤 한다. 그런데 희한한 것은 나의 이 생뚱맞음이 늘 먹힌다는 것이다. 실제 내가 제안한 아이디어를 실행해봤더니 효과가 있었다는 분들이 종종 있다.

블루아이의 '꿈드림(꿈을 드립니다) 프로젝트'가 좋은 예다. 이 제안에

EXHIBITION
2021

모두의 첫 반응은 "뭐래?" 였다. '꿈드림 프로젝트'는 아파트 분양 상품이 단순 거주공간을 파는 것이 아닌 꿈을 드리는 것이라는 생각으로 접근했다. 중국의 수많은 개발상과 분양 아파트 중 재테크 상품으로 가치가 있는 아파트를 찾는 비용을 당연하게 여기지 말자는 것이었다. 고객에게 꿈을 드리는 귀한 상품을 파는데 당당해야 되는 것 아니냐는 생각이었다. 그렇게 생각한 것에는 이유가 있다. 시안(西安) 프로젝트 광고 기획을 위해 직접 도시를 방문했었다. 어떻게 이 넓은 중국 땅에서 이런 보물 같은 곳을 찾아냈는지 정말 신기했고 이들이 대단해 보였다. 그러나 블루아이 사원들은 지난 경험들로 위축돼 있었다. 고객을 왕으로 모셔와야 했고, 이 정도면 무료로 줘도 된다는 입장이었다. 현재 판매 수수료만으로도 고객확보가 쉽지 않은데 여기에 '꿈드림' 명목으로 시장조사비용 등을 포함시키자는 제안이 쉽게 납득될 리 없었다.

블루아이 대표 역시도 이 생각을 선뜻 받아들이지 못했다. 리더가 이해가 안 되는데 사원을 설득시키지 못하는 것은 당연했다. 대표를 이해시키는데 3개월이 걸렸다. 돈이 있어도 주택을 구매할 수 없었던 베이징(北京)에서의 경험담과 상하이에서도 놓쳤던 두 번의 기회가 너무 안타까웠기에 꿈을 안고 중국에 온 교민들이 나 같은 실수를 하지 않기를 바라는 간절한 마음에서였다. 때문에 그 가치를 지불하는 것이 나에게는 너무나도 당연했다.

블루아이 직원들을 위한 설명회를 통해 겨우 이해시킬 수 있었다. 결국 "한번 해봅시다!"는 마음으로 시도했다. 그런데 얼마 지나지 않아 효

상하이저널 칼럼 일러스트

과는 즉각 나타났다. 추가 100만 위안(한화 1억 8000만원)의 성과가 난 것이다. 툭 던진 생뚱맞은 이야기에서 출발해 "한번 해볼까"로 이어진 블루아이의 사례는 여럿 있다.

이러한 것들이 '디자인적 마케팅' 접근이다. 디자인은 겉모습에 불과한 것이 아니라 제품의 전체적인 기능뿐 아니라 사용자의 경험과 관련이 있다. 디자이너들은 철저하게 사용자 입장에서 기획하고, '사람들이 좋아하는 것이 뭐지?'를 늘 고민한다. 중국에서 외국인인 한국사람들이 목돈이 들어가는 제품(아파트)를 구매한다는 것은 판매자에 대한 신뢰없이는 불가능하다. 이들은 아파트의 주거 기능보다 재테크 가치에 무게를 두고 있다. 미래 가치가 있는 제품은 구매자(사용자)에게 '꿈'을 선물한다는 발상, 이것이 바로 디자인 마케팅, 디자인 씽킹의 출발이자 결과다.

대한민국 1세대 산업디자이너가 말하는 디자인의 미래

4500억 매출을 올린 '아이리버'를 디자인한 이노디자인 김영세 대표는 "아직까지의 디자인은 HOW to Design으로 어떻게 만들 것인가였다. 이것이 스몰 디자인이라면, 빅 디자인은 WHAT to Design 무엇을 만들 것인가가 디자인이다."라고 말한다.

이런 관점에서 보면 창업에 대한 생각이 있고, 스타트업을 설계하고 있는 모든 사람들은 이미 세상을 디자인하고 있는 것이다. 스타트업의 스타트 라인에 선 사람들은 사업을 구상한다. 머릿속에 그리는 일부터 시작한다. 여기서부터 이미 디자인은 출발한다.

꿈을 이루고 싶어하는 당신, 가까이 밑바닥부터 준비하기를 시작 하셨나요? iNG.

정상에 오르기 위한 준비_41번째 푸른이야기

스타트라인에서 비즈니스에 힘을 바짝 주고 구상을 하자면, 되도록 경쟁자를 피할 수 있는 경쟁을 해야 한다는 것이다. 나만의 제품, 나만 할 수 있는 서비스를 구상했다고 철석 같이 믿지만 해 아래 새 것은 없다. 다른 스타터들도 똑같은 생각을 하고 있다. 모두가 완전히 새롭고, 완전히 다른, 빅 아이디어를 찾아 시장에서 유일한 존재가 되기를 꿈꾼다. 하지만 모든 비즈니스에 우글거리는 검고 하얀 수많은 펭귄 무리에서 좀 더 살찐 펭귄 한 마리가 특별한 존재일까. 고객이 차이를 구별할 수 없는 그런 비즈니스는 하지 말자는 얘기다.

미대 입시에서 실기 시험을 폐지하는 대학들처럼, 테크닉보다 씽킹이 강조되는 시대다. 이젠 'HOW to' 테크닉이 아닌 'WHAT to' 씽킹이 먼저인 것이다. 나만의 특별한 그 '무엇'을 만들 것인지 머릿속에 그리고 또 그려야 한다.

상상에, 상상에, 상상을 더 해서

"미래는 꿈꾸는 자의 것"이라고 한다면 "비즈니스는 그리는 자의 것"이다. 구상하고 상상한 비즈니스를 그릴 수 있는 것이 중요하다는 의미다. 하지만 내가 그리려는 미래가 이미 현실에 와 있는 것조차 모른다면 그 그림은 무용지물이다. 변화의 속도를 따라가지 못하는 것은 기업이 처한 여건에 따라 그럴 수 있다 치자, 하지만 속도감을 느끼지 못한다면 어떻게 비즈니스를 할 수 있을까.

그렇다면 비즈니스 스피드에서 뒤쳐지는 언더백 기업들, 이들이 놓

당신이 자랑스럽습니다.ind.

친 것은 무엇일까. 보지 못하는 것은 무엇일까. 없어서 안 보이는 것일까. 있어도 못 보는 것일까. 한 방향을 향해 단면만 보고 있었던 것은 아닐까.

큰 기업들에 가로막혀 무지개 너머를 볼 수 없었다고 언제까지 불평만 할 것인가. 무지개 너머를 상상할 수 있는 힘이 중요하고 그 힘을 기르기 위해서는 다양하고 다면적인 시각으로, 다각도로 보는 일상 속 훈련이 필요하다. 사고하는 습관이 바뀌면 행동이 바뀌고 비즈니스 구조도 바뀐다. 있는 것은 더 잘 보이고, 없는 것도 보이는 영적인 비즈니스 체험을 하게 된다.

상상력과 도전, 언더백 기업들의 강점이다. 규모가 있는 기업일수록 새로운 도전에서 멀어진다. 안전지대를 원하고 위험한 선택지는 피한다. 반면, 언더백 기업들은 도전에 보다 자유롭다. 30대보다 20대의 패기가 더 세고, 40대는 50대보다 새로운 것에 도전할 여력이 더 남아 있다. 이것이 젊은 세대, 창업자, 언더백 기업들이 가진 힘이다. 그들에게는 아직 가 보지 못한 곳에 대한 가능성이 더 열려 있기 때문이다. 이 가능성에 상상력, 씽킹이 더해져야 한다. 로봇이나 AI가 아무리 뛰어나도 절대 넘을 수 없는 것이 인간의 상상력이라고 한다. 일상 속 씽킹을 입체적으로 그려가는 습관이 쌓이면, 우리는 무엇을 상상하든 그 이상의 비즈니스를 하게 될 것이다. 경쟁에, 경쟁에, 경쟁이 더해 가는 시대! 상상에, 상상에, 상상을 더해야 한다!

메트리샤 무어는
1979년부터 1982년까지
80대 노인으로
살아기가 시작했다

노인을 위해 노인이 되다

80대 노인으로 변장한 20대 디자이너

유니버셜 디자인(Universal Design)
아름다운 것보다 '누구나 찾는 것'을 디자인하다.
그것을 탄생시킨 사람은 패트리샤 무어라는 디자이너다.
신제품 회의 중 "관절염을 앓거나 손힘이 약한 노인들도
쉽게 열 수 있는 냉장고 손잡이를 만들면 어떨까요?"라는 질문에
냉소적인 대답을 듣게 되고 고민 끝에 그녀는
'그런 사람들'이 되기 위해서 실제로
그녀의 몸이 불편하도록 만들었다.

문제해결 역량의 새로운 대안 '디자인 씽킹'

- 공감 : 미래 사용자가 무엇을 원하는지, 그들의 생활에 무엇이 필요한지, 어떤 것을 좋아하고 싫어하는지를 듣고, 느끼고 이해한 바를 원동력으로 삼아 행하는 혁신 방법론이다.
- 고객 중심적 사고 : 고객이 원하는 바를 면밀히 관찰하고 인터뷰하고, 고객의 삶을 며칠 동안 가상으로 살아보는 방법들을 사용한다. 감정적인 면과 이성적인 면에서 깊숙이 이해하는 것이다.

  대표적인 예가 1979년, 미국의 세계적인 디자인 회사에서 일하던 신입사원 '패트리샤 무어'가 노인들을 위한 디자인을 하고자 회사를 그만둔 것이다. 직접 노인으로 분장하고, 다리에 철제보조기를 착용, 특수제작한 안경을 써서 눈이 잘 안보이게 하고, 귀에 솜을 넣어서 잘 들리지도 않은 완벽한 80대 노인이 되어 3년간 체험하며 불편을 보완한 상품들을 만들어냈다. 양손잡이용 가위와 칼, 물이 끓으면 소리 나는 주전자, 쉽게 승차할 수 있는 저상버스, 휠체어를 타고도 탑승할 수 있는 경전철 등이 대표작이다.
- 분산과 수렴 : 하나의 문제에 대해서도 다양한 답을 생각해볼 수 있는 능력인 분산과 수렴이다. _<4차 산업혁명시대, 디자인 씽킹이 답이다> 중에서

| 스탠포드 디스쿨의 디자인 씽킹 5단계 |

1 공감하기(Empathy) 고객과 맥락 비즈니스를 이해하는 것이 가장 중요하다. 현장관찰, 체험, 인터뷰 등을 통해 고객의 숨겨진 욕구(Needs)와 고충점(Pain Points)를 찾는 과정이다.

로스 교수에 따르면 디자인 씽킹은 총 5단계

❶ 공감(Emphathize)

해결해야 할 문제들이 무엇인지 고민하는 단계.

❷ 정의(Define)

명확하게 어떤 것이 문제인지 정의를 내린다.

❸ 아이디어(Ideate)

브레인스토밍을 통해 가능한 많은 대안들을 적어 내려간다.

❹ 프로토타입(Prototype)

아이디어 중 실현가능한 것들을 골라 시안·시제품을 만든다.

❺ 테스트(Test)

생산된 시제품과 시안을 적용한다.

Pyo.art directer

2 문제정의(Define) 공감단계의 정보를 통해 고객의 근원적 욕구를 찾아 간결한 문장으로 정리해가는 과정이다. '새롭게 알게 된 사실이 뭐지?', '고객은 어떻게 스스로 문제를 해결하고 있지?' 등등에 관해 늘 질문한다.

3 아이디어 도출하기(Ideate) 사용자의 니즈와 핵심문제를 해결하는 다양하고 창의적인 아이디어를 만드는 작업이다. 아이디어 단계에서는 비판을 잠시 미뤄두자, 우선은 많은 양의 아이디어를 만드는 데 집중해야 한다.

"위대한 생각을 하고 싶으면 먼저 많은 아이디어를 내세요."

IDEO 설립자 David Kelly

4 프로토타입 만들기(Prototype) 고객과 이해관계자의 피드백을 받기 위해 아이디어를 시각적으로 표현하는 과정이다. 프로토타입은 실패 비용을 낮출 수 있도록 투박하게, 신속하게 그리고 적절하게 만들도록 한다.

5 검증하기(Test) 우리가 만든 솔루션에 대한 피드백을 얻음으로써 솔루션을 개선하고, 사용자에 대한 이해를 깊이 있게 하는 단계이다. 고객에 대한 학습의 기회는 덤이다.

| 문제 정의하기 |

1 진짜(Real) 해결이 필요한 문제인가?

2 가치(Valuable) 있는 문제인가?

3 영감(Inspiring)을 주는 문제인가?

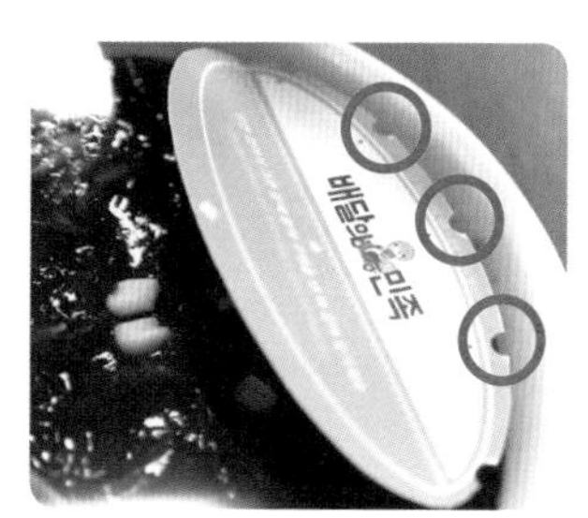

• **문제정의하기 성공사례 :** 짜장면 스티커는 랩의 가장자리에 스티커를 붙인 후 구멍을 꼭꼭꼭 3개 뚫은 뒤 벗겨내는 방법

모바일영토_데이비드 정/포이 정 지음, 미다스북스

PART 04

디지털 전환시대
디자인 마케팅의 혁명

SNS 마케팅 친구 많은 놈이 이긴다!

어플의 탄생, 디자이너는 죽었다

'손캠'의 탄생 스토리

The Company that can Draw a Vision

모바일 비즈니스의 전환은

사업체를 운영하는 대표부터 개인에 이르기까지

일상이 돼야 한다고 강조한다.

지금 하지 않으면 아무것도 시작되지 않기 때문이다.

photo_Singapore Cecil-street

현대자동차 9년 연속 판매 1위 2만 1천여 대의 운행 택시 중 1만 2천여 대로 56%를 차지하고 있다.
연간 1500만 명이 찾는 관광대국 싱가포르

SINGAPORE

SHA 1828 Y

2016-2020년 중국 라이브방송
시청자 규모 및 전년 대비 증가율

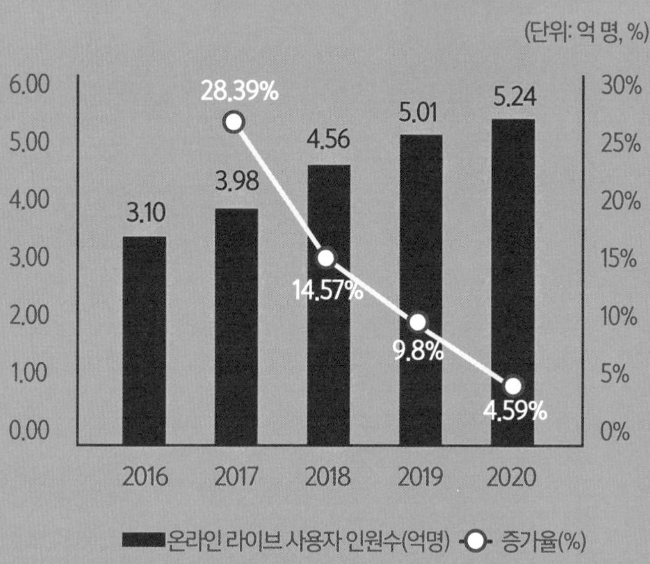

자료 : iiMedia Research

중국 라이브커머스 시장은 왕홍 마케팅을 이용하여 무서운 성장세를 보이고 있다. 라이브방송 사용자 수는 증가하고 있고, 또 매년 증가하고 있지만(전년대비 증가율) 전년대비 증가속도는 2016년에 정점을 찍고 감소하고 있다.

11

SNS 마케팅 친구 많은 놈이 이긴다!

혼자 하는 게임도 재미있지만, 함께 하는 게임이 더 재미있습니다.
혼자 즐기는 인생도 재미있지만,
함께 즐기는 인생이 더 재미있습니다. _VIVALDI

친구가 많은 아빠가 존경 받는다?

팬데믹 시대인데도 한집에 살고 있는 가족들은 여전히 바쁘게 살아간다. 밤 늦게까지 일하는 엄마와 아빠, 대학 다니는 아들과 딸은 아르바이트까지 하니 더 바쁜 듯하다. 잠깐 얼굴 보기도 힘드니 말이다. 오랜만에 가족이 외식하는 자리에서 아들이 먼저 말을 꺼냈다.

"엄마, 내가 어느 대학 모임 처음 참석하는 자리였는데 가족들 이야기

상하이저널

0001

FOTOGALERÍA DEL MES

LARS WÄSTFELT

SUPLEMENTO SIMA

MARCEL DZAMA

MÚSICA

El arte de Keaton

EN VIVO

The Decemberists en el Gran Rex

CINE

L'écume des jours, el esperado retorno del francés Michel Gondry

"상하이저널과 표아트는 일상을 콘텐츠로 만들어가고 있다."

가 나왔어, 아빠를 알더라고? 거기다 나는 처음 봤으니 당연히 위챗 친구가 아니었지. 그런데 아빠랑은 친추가 돼 있었던 거야. 깜짝 놀랐어."

아내도 대화를 거든다. "응, 나도 어느 모임에서 처음 본 사람과 이야기하는데 아빠가 그 회사 로고를 만들어줬다고 하는 거야. 그런 경우 가끔 있어."

"교민 사회가 좁아서 그래."

순간 어깨에 힘이 들어갔지만 대수롭지 않은 일인 양 답했다.

아들이 다시 묻는다. "아빠 위챗 친구가 몇 명이야?"

"음… 지금 3,501명이네."

"헉~ 앞자리를 잘못 본 줄 알았어!"

"위챗 친구 5,000명인 사람들도 있어. 숫자도 중요하겠지만 더 중요한 것은 그 사람들과 말하지는 않아도 소통할 수 있는 지속성을 가지고 있는 콘텐츠를 만들고 있느냐가 더 중요하지."

사람들을 만났을 때 가장 많이 듣는 인사는 "모멘트 정말 잘 보고 있어요.", "매일 보고 있으니 오랜만에 만나도 자주 보는 사이 같아요." 등이다. 답글이나 하트를 달아주지는 않더라도 모멘트는 보고 있었던 것이다.

2020년 코로나가 심각했던 기간에 나의 모멘트에 올려진 사진과 영상만도 무려 2,500여 개다. 평균 매일 6.8장의 사진을 올린 셈이다. 디자인한 작업물도 가끔 있지만 대부분은 일상에서 만나는 사람들과 순간 포착된 사진들이 주를 이룬다. 어떤 분은 가끔 올라오는 '맛집'을 직원들과 함께 다녀왔는데 직원들이 좋아했다면서 고맙다는 인사까지 전한다. 물론 개인적인 만남을 가져본 적은 없는 사람이다. 그만큼 SNS는 삶의 일부

블루아이 라이브 방송

청도중소벤처기업진흥공단 방송시설

블루아이 서울센터 라이브 방송(특례입시)

블루아이 상하이센터 라이브 방송

가 돼가고 있다. 이렇게 지속적으로 관심을 가진 친구들이 많다는 것은 비즈니스에서 어떤 결과로 나타날까.

중국은 인플루언서 왕홍 마케팅을 이용한 중국 라이브커머스(Live Commerce) 시장이 무서운 성장세를 보이고 있다. 라이브커머스는 생방송과 전자상거래의 합성어로, 스트리밍 방송으로 상품을 소개하며 소비자와 쌍방향으로 소통하는 서비스를 말한다. 중국은 라이브커머스 산업이 대세가 됐고 크게 성장하고 있다. 중국 인터넷 정보센터(CNNIC)에 따르면 중국 내 라이브커머스 시장은 2019년부터 성장하기 시작해 2020년 12월 기준으로 6억 1,700만 명이 전자상거래 플랫폼을 이용하였고, 대표주자인 타오바오(淘宝)의 2019년 라이브커머스 매출액은 2500억 위안이며 전체 시장의 57%를 차지한다고 한다. 더우인(抖音)을 비롯한 쇼트클립(콘텐츠) 플랫폼의 경우 상품진열창(商品橱窗), 콰이서우(快手小店) 등을 통해서 타오바오, T-MALL, 징동(京东) 등 전자상거래 플랫폼과 연계한 라이브커머스 사업을 추진하고 있다.

2020년 전자상거래업자 등록 수는 타오바오, 위챗(WeChat) 샤오청쉬(小程序) 쇼핑몰 등을 포함하여 3억 8,000만 명이다. 왕홍(网红)은 패션, 미용, 뷰티 분야에서 시장 규모가 1,000억 위안(약 18조원)에 달하며 중국 비즈니스 경제의 새로운 강자가 됐다.

인플루언서의 역할이 점차 중요해지면서 마케팅 활용도 다양해지고 있다. 칭다오(青岛)중소벤처기업진흥공단에서는 한국인 기업들을 대상으로 왕홍 실전 교육 2기까지 배출했다. 앞으로도 지속적으로 진행할 예정이라고 한다.

상하이(上海) 작포로교(作浦路桥)

칭하이성(靑海省) 청해호(靑海湖)

연출한 것 같은 출근시간, 우중루(吴中路)

대비되는 상황은 즐거움을 준다. 완위엔루(万源路)

'핵인싸' 그들은 무엇이 달랐을까?

잭 모리스(30)와 로렌 블렌(28)은 전 세계를 여행하는 여행가이자 사업가다. 인스타그램을 통해 '돈을 버는 여행'이 가능해진 것이다. 사진은 소셜네트워크서비스(SNS)에 업로드된다. 촬영된 사진을 자신들의 블로그와 인스타그램에 올리면 여러 회사들이 후원을 해준다. 그렇다면 얼마나 벌까? 인스타그램에 사진 한 장 올려주고 받는 대가는 무려 1만 달러(약 1100만 원) 안팎이다. 누구나 꿈꾸는 일이 현실이 된 셈이다. 어떻게 이것이 가능할까 싶지만 누구나 이렇게 될 수는 없다. 이 둘의 팔로우 숫자는 각각 200만 명, 120만 명에 달하니깐. 그야말로 파워풀한 '프로 여행가'인 셈이다.

영국 맨체스터 출신인 그는 고등학교 졸업 이후 5년간 카페트 청소부로 일하다가 배낭을 메고 훌쩍 세계여행에 나선다. 그리고 한 일은 팔로우 모으기. 자신의 여행기를 블로그와 인스타그램에 남기며 전 세계 수많은 '팔로워'를 모은 것이다. 모리스가 여자친구 블렌을 처음 만난 장소도 여행지다. 남태평양의 보석 같은 섬 피지를 여행하던 중 호주 출신의 블렌을 만나 이후 여행의 동반자가 됐다.

자신들의 모습을 찍고 사진을 인스타그램에 공개했다. 이들의 아름다운 여행 사진들이 인기를 얻으면서 인스타그램의 핵인싸가 됐다. 이들의 인스타그램이 유명해지자 수많은 브랜드와 여행전문기업들이 협찬을 자청하고 나섰다. 좋아하는 일을 즐겼고 그 일에 친구들이 따라 붙으면서 비즈니스로 이어진 사례다.

보기 힘든 장면은 좋아요 숫자가 많아진다. 상하이 한인타운 홍췐루(虹泉路)

그곳! 그때! 그 사람! 전략으로 친구 사귀기

같은 장소를 촬영했더라도 어떻게 다르게 보여지게 할 것인지가 중요하다. 패키지 단체관광에서 현지 가이드가 알려준 포토존에서 모든 관광객들은 카메라를 든다. 하지만 사진의 느낌은 천차만별이다. 여기서 작가(관광객)의 개성과 감각이 드러난다. 실력이 포함된 한 장의 사진이 탄생한다.

그렇다면 잭과 로렌 커플의 풍경사진 중 친구들의 가장 많은 픽을 받은 사진은 무엇일까. 아이러니하게도 작가 본인이 좋아하는 작품과 사람들이 좋아해주는 작품은 서로 달랐다. 사진뿐 아니라 모든 예술영역의 작가들은 이런 비슷한 경험을 한다. 몇 장의 사진을 유심히 살펴보면 그의 친구(팔로워)들은 쉽게 접하기 힘든 여행지의 사진, 촬영하기 어려운 과정이 담긴 사진들을 좋아했다.

이들은 단지 작가 자신들이 좋아서 예쁜 사진만 촬영한 것이 아니다. 45개국을 다니면서 그곳에 어느 때 가야 더 멋진 풍경을 담을 수 있는 지를 철저하게 기획했다. 그리고 사람들이 좋아할만한 것을 다르게 촬영하기 시작했다. 이들이 사진에 친구들이 몰리는 것은 작가 자신이 직접 모델이 됐다는 점이다. 일종의 셀피, 셀카인 것이다. 같은 장소에서도 누가 찍느냐도 중요하지만 그 자리에 누가 서 있느냐에 따라 전혀 새로운 느낌이 전달된다.

혹자는 이들이 일출과 일몰 직전 1시간만 촬영했다는 이야기를 듣고 정말 쉽게 돈을 번다고 말한다. 하지만 그들은 그곳 그 시간이 가장 아름

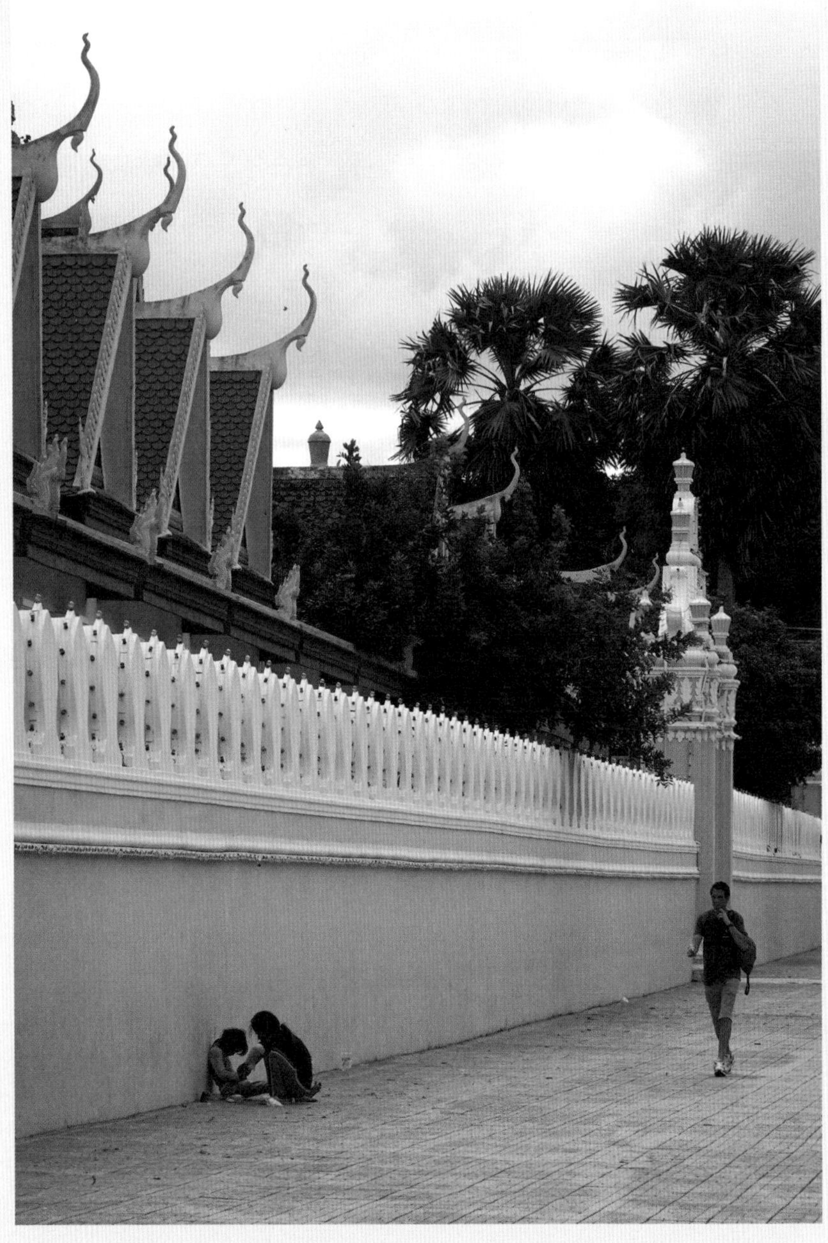

국왕이 거주하는 왕궁, 두 소녀 옆을 무심코 지나가는 외국인이 혹시 우리는 아닐까 …
캄보디아 프놈펜(Royal Palace, Phnom Penh)

다운 풍경사진의 골드타임이라는 것을 알아냈다. 이 노력의 가치를 알아보는 사람들이 돈을 쓰는 것이다. 모든 예술 분야가 그렇듯 알고 하는 것과 모르고 하는 것의 차이는 극명하다. 똑같이 아이템, 비슷한 아이디어로 사업을 해도 승자는 친구 많은 놈의 것이다. 결과는 단순히 '친구 수'에서 갈리지만 가장 큰 차이는 '나'다움이다. 가장 나다운 모습을 보여줘야 많은 친구들을 사귈 수 있다.

어느 사장님은 말한다.
"친구 많은 놈이 성공하면 나는 벌써 성공했어야 한다"고….
내가 친구라고 생각하는 것과 상대 또한 그렇게 느끼는 것의
'온도차'는 늘 있기 마련이다.

캔바(CANVA)로 10분이면 포스터를 만들 수 있습니다.

12

어플의 탄생
디자이너는 죽었다

아무것도 모르는 것이 수치가 아니라
아무것도 배우려 하지 않는 것이 수치다.

소크라테스(Socrates)

그래픽 디자인의 자동화, '캔바'의 습격

디자인마저도 AI가 하면 디자이너는 어떻게 살아야 하나? 디지털 전환 시대의 디자인 트렌드는 '디자인의 지능화(Artificial Intelligence Design)'다. 요즘은 알고리즘으로 많은 것들이 자동화된다.

호주의 캔바(CANVA) 회사는 7000만 달러를 투자 받은 유니콘 기업이다. 그래픽 디자인(리플릿 등) 자동 플랫폼을 지원하고 있다. 지금까지

GERMAN DESIGN AWARD

제너레이티브(Generative Design) 디자인은 설계 탐색 프로세스. 설계자 또는 엔지니어가 디자인 소프트웨어에 성능 또는 공간 요구사항, 재료, 제조 방법, 비용 구속조건과 같은 매개변수와 함께 설계 목표를 입력합니다. 소프트웨어에서는 설계 대안을 빠르게 생성할 수 있는 솔루션 순열을 모두 탐색합니다. 각 반복에서 작동하는 순열과 작동하지 않는 순열을 테스트하고 학습합니다.

그래픽 디자이너들은 '경험'과 '노하우'로 경쟁력을 유지해왔다. 캔바 같은 디자인 자동 플랫폼의 등장은 그래픽 디자이너들의 생계를 위협한다. 플랫폼 노동자로 운영되는 '크몽'과는 다른 방식으로 운영된다. '블루캠퍼스 연간보고서'를 만들고 싶다? 디자이너가 필요한 내용을 플랫폼에 잘 넣기만 해도 원하는 결과를 받아볼 수 있다.

예시로 한번 만들어봤는데 'Tailor Brands'라는 로고 자동 생성 플랫폼에서 2분 30초 만에 완성됐다. 만약 시간을 더 들여서 필요한 내용을 꼼꼼히 입력한다면 더 좋은 결과물을 얻을 수 있을 것 같다. 개인적인 프로젝트 경험에 비춰보면, 콘셉트와 방향, 디자인에 필요한 데이터들이 충분하다는 전제하에 디자인 구현 측면에서는 이런 자동 툴이 다양한 프로토타입(Prototype)을 만들어보는 데 유용할 것 같다.

또 '엔지니어처럼 생각할 수 있는' 새로운 제너레이티브 디자인(Generative Design) 소프트웨어는 인공지능 기반의 설계 기술로 사용자가 입력하는 조건에 따라 수백, 수천 가지의 설계 디자인 옵션을 제시하고 있다.

'건축' 디자인 너마저

Rhino + Grasshopper : 3D 모델링 프로그램

제품과 건축에 많이 사용되는 '라이노와 그라스호퍼'는 데이터 입력 내용에 따라 다양하고 복잡한 형태를 구현해내는 툴이다.

건축가 안토니 가우디(Antoni Gaudi)의 파밀리아 성당(La Sagrade

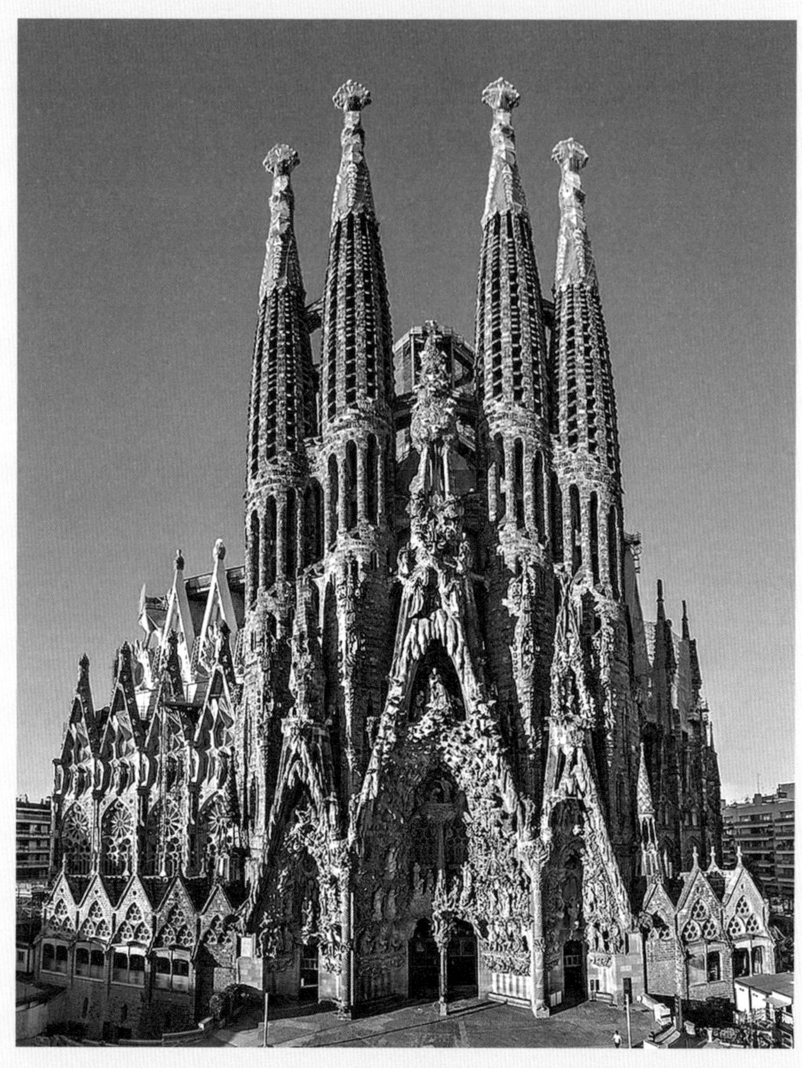

사그라다 파밀리아 성당(La Sagrada Familia)

안토니 가우디가 설계하고 직접 건축을 책임진 바르셀로나의 대표적인 로마 카톨릭 성당으로, 가우디가 31세였던 1883년부터 40년간 교회의 건설을 맡았으며 가우디의 건축물 중 최고의 걸작이라는 찬사가 붙은 곳이기도 하다. 1926년 가우디가 사망한 후 현대의 건축 기술을 총동원해 건축되고 있다.

Familia)은 아름답기로 유명하다. 외계인이 만들었다고 해도 믿을 정도로 정교하다. 만약 가우디 선생이 살아있었다면? 그리고 (자동 연산되는) 제너레이티브 디자인 과정을 봤다면? 아마 두 가지 반응을 보였을 것이다.

첫 번째 예상 반응은 "내 세상이 왔구나!" 138년 넘게 지금도 건축 중인 성당 건물인데 만약 가우디 선생이 이런 기술이 있었다면 훌륭한 작품들을 무수히 만들어냈을 거라는 예상을 해본다. 두 번째 반응은 "난 끝이구나!" 자신을 대체할 현대 자동화 기술에 놀랄 가우디 선생의 모습을 감히 상상해본다.

디자인뿐 아니라 AI로 대체되는 분야마다 우려가 컸다. 대체되는 것과 발전하는 것, 위기일까, 기회일까를 두고 논쟁도 많았다. 기회까지는 모르겠지만 적어도 위기는 아니라는 입장이다. 다른 분야는 차치하더라도 적어도 디자인만큼은 기술이 변해도 본질은 변하지 않을 거라 믿는다.

빠르게 변화하는 세상, 인간의 기본 욕구는 절대 변하지 않는다. 다만 기술의 변화로 구현 방식과 수단이 바뀔 뿐이다. 메가트렌드의 원칙 중 하나인 인간의 기본 욕구를 고려하는 디자이너의 마인드는 필요충분 조건이 된다. _i-CLUE Design 컨설팅 이진영 대표

'AI 디자인 플랫폼' 넌 누구냐?

디자이너들이 아끼는 비밀 사이트, 이것만 알아도 탈(脫)아마추어 디자인이 가능하다. 상업적으로 이용할 수가 있고 별도의 회원가입 없이

Unsplash

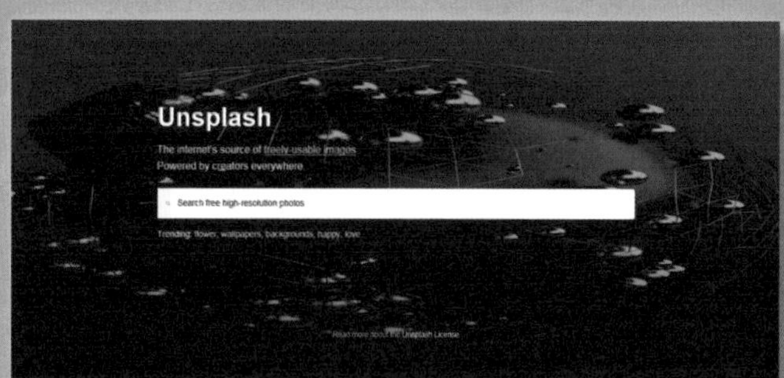

ICONFINDER

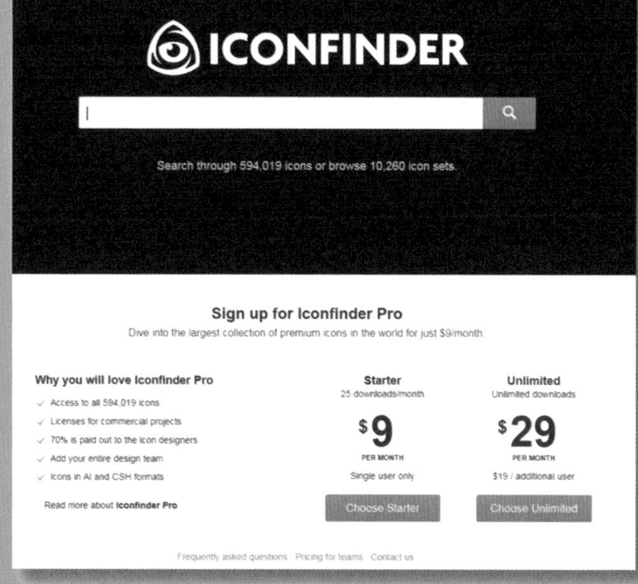

무료로 이용할 수 있는 것이 가장 큰 장점이다.

1 언스플래시(Unsplash)

언스플래시는 이미지, 소스 사이트다. 무료로 다운로드 받을 수 있다. 가장 큰 특징은 세련된 이미지들이 많다는 것. 유튜브 썸네일이나 강의 자료 프레젠테이션을 디자인하는 사람들이 애용한다. 외국 사이트이다 보니 키워드를 검색할 때 영어로 작성해야 보다 더 정확한 결과물이 나타난다. 예를 들어 유튜브를 검색하면 고품질의 세련된 이미지를 찾을 수 있다. 고해상도와 저해상도 상관없이 무료 사용이 가능하다. 상단에 '다운로드'를 클릭하면 곧바로 받을 수 있다.

2 아이콘파인더(ICONFINDER)

아이콘파인더는 무료로 사용할 수 있는 이미지가 많아 유용하다. 유료와 무료가 같이 표기되는데 프리 버튼을 누르면 무료 아이콘을 다운로드 할 수 있다. 이미지를 클릭했을 때 유료 사용은 패스하고 한 번 더 누르면 사이즈별 이미지 다운로드가 가능하다.

가장 큰 특징은 표정아이콘을 세트별로 받아서 사용할 수 있다는 점이다. svg, png, ai 3가지 파일 형태로 받을 수 있다. 유료와 무료의 퀄리티 차이가 있지만 굳이 구매할 필요가 없을 정도로 무료 아이콘 양이 많다.

ⓒPYOart

중국은 지금 '모바일 춘추전국시대'

중국의 모바일 세상은 춘추 전국시대다. 무료로 사용할 수 있는 앱의 성능이 어마어마하다. 사용자 입장에서는 감사할 따름이지만 이 대단한 앱을 만들하기 위해 매일 밤을 새워가며 모바일 세상의 강자가 되기 위해 몸부림쳤을 모습을 상상하면 마냥 기뻐할 일만은 아니다. 디자이너뿐 아니라 일반인도 쉽게 툴을 사용할 수 있도록 만든 앱도 많다. 중국어로 되어 있어서 사용하기에 다소 불편하지만 중국 앱 기반의 수준을 가늠해 볼 수 있는 기회로 아래 앱들을 사용해봐도 좋겠다.

• 포스터 제작 10분이면 OK '까오딩써지(搞定设计)'

누구나 쉽고, 재미있고, 편리하게 디자인을 적용해 만들 수 있도록 다양한 분야의 디자인 소재, 동영상 템플릿, 모바일 포스터 디자인 템플릿 등을 제공하고 있다. 1년 전만 해도 응용할만한 디자인이 많지 않았는데 시간이 지날수록 새로운 템플릿이 계속 업데이트되고 있다. 인물 사진의 배경을 자동 삭제해주는 기능이 향상되면서 10분이면 포스터 디자인도 완성할 수 있다.

※QR코드를 스캔하면 유튜브에서 볼 수 있습니다.

• 폰 하나로 영상 편집 끝! '젠잉(剪映)'

'젠잉'은 손쉽게 할 수 있는 멀티 영상편집 소프트웨어다. 한국의 영상

편집 프로그램 '키네마스터'와 비슷하다. 윈도우와 맥(Mac) 버전을 포함하고 있어 무료 다운로드 서비스를 제공한다. 폰 하나만 있으면 언제 어디서나 재미있게 영상을 편집할 수 있다. 영상제작 후 틱톡(抖音)으로 바로 올릴 수 있도록 연동돼 있다.

※QR코드를 스캔하면 유튜브에서 볼 수 있습니다.

- **디지털 전단지 '반커(凡科)'**

디지털 전단지 & 이벤트 제작앱으로 홈페이지 기능을 구현할 수 있고, 등록된 고객 정보를 엑셀 파일로 얻을 수 있다.

※QR코드를 스캔하면 유튜브에서 볼 수 있습니다.

- **길면 안본다, 쇼트폼 동영상 '스핀하오(视频号)'**

위챗 안에 들어온 신매체 쇼트폼 동영상 서비스 '스핀하오'. 사진이나 영상을 담아 게시글을 올린 후 '친구'가 어떤 영상을 봤거나 '좋아요'를 누르면 바로 '친구'의 '친구'들까지 팔로워 파도타기가 되면서 노출되는 오픈형 채널이다. 강력한 전달력이 강점으로 위챗 사용자 10억 명을 기초로 하고 있어 영향력이 어머어마한 사회적 관계망 플랫폼이다. 무료인데다 확장성도 커 비즈니스에 활용되고 있다. (모멘트, 채팅방, 공식계정 등)

• 나의 아바타 제페토, 중국에선 '짜이짜이(崽崽)'

'짜이짜이'는 네이버 메타버스 플랫폼인 제페토(ZEPETO)의 중국 서비스명이다. 나와 닮은, 나를 따라 하는 캐릭터를 만들 수 있고, 아바타로 즐기는 또 다른 세상을 즐길 수 있다. 수백 만 가지 아이템으로 아바타를 꾸미고 교실부터 테마파크까지 다양한 맵에서 전세계 친구들을 만날 수 있다. 사용자의 표정을 따라 하는 3D 아바타 기능, 친구들과 관계를 맺고 함께 사진을 찍고 동영상을 만들어 공유하는 소셜 미디어의 기능도 있다. 현실에서 불가능한 환상적인 경험을 제공하고 있다.

• 중국의 구글 폼 'MikeCRM(麦客)'

중국 마케팅에 최적화된 온라인 폼 서비스다. 중국의 구글 폼이라고 불리는 마이크CRM은 온라인 설문조사 등 업계 최고의 데이터 수집과 마케팅 서비스를 제공한다. 고객정보와 관계를 처리하는 시스템으로 정보를 보다 쉽게 수집하고 정리할 수도 있고, 잠재고객을 발굴하고 거래를 성사시킬 수도 있다.

※QR코드를 스캔하면 유튜브에서 볼 수 있습니다.

배우기를 멈춘 사람은 스무 살이든 여든 살이든 늙은이다.
계속 배우는 사람은 언제나 젊다. 인생에서 가장 멋진 일은
마음을 계속 젊게 유지하는 것이다. _헨리 포드

| 새로운시대 브랜딩 제언 |

1 철학을 브랜드경영의 핵심으로 삼으십시오.

- **블루보틀** "우리는 최고의 커피를 원하는 사람들을 위한다"
- **노마시안** "프레임을 바꾸면 새로운 아시아가 보인다"
- **모바일영토** "이제 모든 길은 모바일로 통한다"
- **블루아이** "블루오션을 바라보는 새로운 시각"
- **손안에캠퍼스** "꿈을 돕는 대학"

2 뉴노멀(new normal)의 특징에 맞게 커뮤니케이션하십시오.

- Limit (길이) = 0 ▸ 메시지는 짧게
- Limit (깊이) = 무한대 ▸ 찾는 정보는 최대한 자세하게
- Limit (인내심) = 1 ▸ 반복된 실수는 방지
- Limit (가격) = ? ▸ Freemium 전략 고려
  ※기본 서비스는 무료로 제공하고 추가 고급 기능에 대해서는 요금을 받는다.
- Limit (프라이버시) = 어항 ▸ 개인정보 관리는 철저히
- Limit (인텔리전스) = 실시간 ▸ 의사결정은 실시간으로

3 브랜드에 인간적인 성격을 부여하십시오.

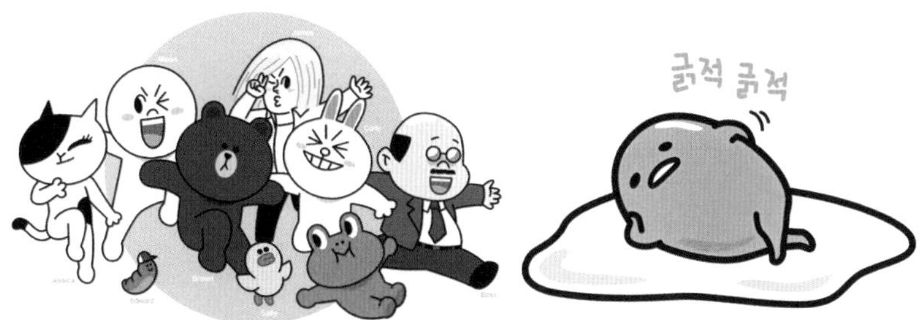

라인프렌즈

'사토리' 세대의 일본의 젊은이들을 닮은 **구데타마**

崽崽_캐릭터 아바타로 홍보도 엣지있게

搞定设计_사진 배경 지우기도 30초면 끝

凡科_많은 정보도 디지털 전단지 하나면 해결

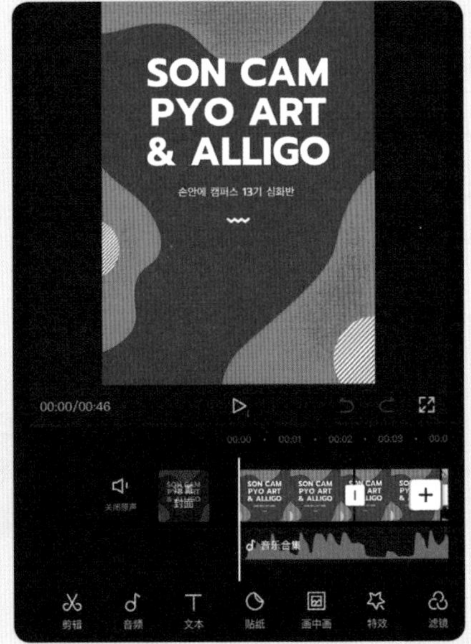

剪映_폰으로 영상편집까지

4 마켓센싱 능력을 높이고 열성고객 커뮤니티를 키우십시오.

Brand Manager

5 참여형 브랜딩 프로세스를 구축하십시오.

- **독립된 샤오미 커뮤니티 :**

30million이 넘는 유저들이 매일 57만개의 리뷰를 업로드

| 샤오미의 인터넷 사유 모델 |

출처: 샤오미테크

- **I SEOUL U(참여형 브랜딩 프로세스) :** 시민 + 전문가 교차참여 방식
- **브랜드캔버스(참여형 브랜딩 워크샵) :** 경영진을 포함한 이해관계자들이 참여하여 브랜딩에 필요한 모든 요소를 토론하고 협의해가는 브랜드 기획(설계) 원데이 워크샵

※새로운 시대의 브랜딩 제언_메타브랜딩 **박항기** 대표

청도 중소벤처기업진흥공단 초청 강연_모바일 포스터

13

'손캠'의 탄생 스토리

사람들이 대개 기회를 놓치는 이유는
기회가 작업복 차림의 일꾼 같아 일로 보이기 때문이다.

토마스 에디슨 (Thomas Alva Edison)

한국엔 '가인지캠퍼스', 중국엔 '손안에캠퍼스'

'블루아이'는 2030년까지 '12개의 나라에 12개의 학교를 설립하겠다'는 비전을 가지고 있다. 해외에서는 어떤 분야에서든 한국에 비해 상대적으로 '교육'에 대한 결핍이 있기 때문에 이 비전은 더욱 간절했다. 한국을 떠난 지 오래된, 해외에서 비즈니스를 한 기간이 긴 사람들일수록 경영 교육과 컨설팅 등에 대한 갈증도 컸다. 한국에 있는 경영컨설팅 연구소

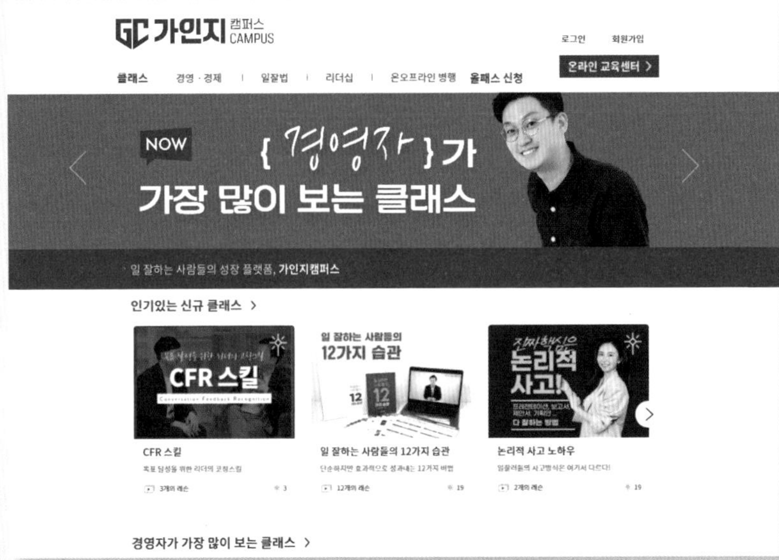

가인지 캠퍼스 홈페이지 https://gainge.com

블루캠퍼스 회원은 해외부동산, 해외라이프, 재외국민교육, 경영컨설팅 등이 제공된다.

'가인지캠퍼스'를 접하면서 해외에서 사업하는 사람들에게 큰 도움이 되겠다는 생각이 들었다. 그렇게 블루아이는 가인지캠퍼스를 중국(상하이)으로 들여오기로 결심했다. (*가인지=가치, 인재, 지식)

학교를 세운다는 것과 연관지어 "기업인들에게 어떤 기여를 할 수 있지 않을까?"라는 생각으로 출발했다. 10년 전부터 이미 가인지캠퍼스의 컨설팅을 받아왔다. 가인지캠퍼스의 온라인 경영컨설팅 툴은 직접 오프라인으로 하는 컨설팅과 같다. 최근 디지털 트렌스포메이션(Digital Transformation) 기술로 모든 영역에서 디지털화로 변경, 변형하고 있는 혁신의 시대에 맞춰 컨설팅도 온라인화하게 된 것이다.

가인지캠퍼스에서도 온라인으로 사업을 확장시키는 데 있어 사이트를 통해 유료 강의를 제공하는 것이 좋은 모델이 될 것이라 생각했다. 이를 통해 수익을 내겠다는 생각보다는 정보의 부족과 교육의 결핍을 어떻게 채울 수 있을까 하는 접근이 먼저였다. 블루아이 고객들 중 해외에서 사업하는 사람들이 많았기 때문에 고객 서비스 차원이라는 생각이 컸다.

'블루캠퍼스'라는 이름으로 가인지캠퍼스를 불러들였다. 그것을 '손안에캠퍼스(손캠)'로 발전시키겠다는 계획은 초반에는 없었다. '손캠'으로 발전하게 된 것은 표아트와 위챗연구소 '알리고' 정운용 이사 등 전문가들의 영향이 컸고 함께 하니 일사불란하게 진행됐다. 그리고 김미경TV의 '유튜브대학'처럼 말 그대로 손안에 모바일을 이용해 사람들과의 교류, 소통하고 모바일 마케팅이 이뤄질 수 있는지를 가르치고 배우는 시간들이 되고 있다. 또한 앞으로 진행되는 온라인 모바일 비즈니스에 있

요리연구가와 함께하는 체질과 좋은음식_임동구 박사

프레임을 바꾸면 새로운 아시아가 보인다! 노마시안_배양희 대표

재외국민 특례입시 설명회 생방송_한국대학 입시 전문 카운셀러 김성준 원장

어 블루아이 입장에서는 하나의 획을 긋게 됐다. 그렇게 블루아이의 비전인 첫번째 학교(캠퍼스)가 모바일 세상에 세워진 것이다.

'나'와 '기업'의 성장을 돕는 "모바일 마케팅의 모든 것"

한국의 '가인지 컨설팅'은 상하이에 한 달에 한 번 방문해 경영 노하우 전수를 통해 기업의 성장을 돕는 컨설팅 회사다. 코로나 팬더믹 시대가 되고 오가는 것이 자유롭지 못하게 되자 유튜버와 함께 자사만의 교육 프로그램을 가인지캠퍼스(gainge.com)의 콘텐츠로 만들어 100개 이상의 영상서비스를 하고 있었다. 블루아이도 해외부동산(중국, 말레이시아, 캄보디아, 베트남), 재외국민 특례입시컨설팅–김성준 원장, 해외라이프–임동구 박사의 사상체질외 다수, 노마시안–배양희 대표 등 생활에 필요한 영상 콘텐츠를 만들어 공유하기 시작했다. 이후 상하이와 서울을 잇는 실시간 컨설팅을 해주던 가인지 김경민 대표의 제안으로 '가인지캠퍼스 온라인 교육센터' 내에 '블루아이' 코너를 만들어 차별화된 영상 서비스를 제공하게 됐다.

블루아이 서울센터와 상하이센터는 온라인 교육센터를 VIP 고객들에게 서비스하기로 하고, 상하이는 코로나가 안정세로 돌아선 시기였기 때문에 오픈 강의도 병행하는 것으로 의견이 모아졌다. '블루캠퍼스'팀이 구성되고, 일회성 강연이 아닌 실전에 적용하고 실행하는 것까지 이어지도록 하는 프로그램의 필요성을 느끼게 됐다. 언제 어디서나 자기계발을 원하는 교민들에게 배움의 기회를 제공할 수 있는 방법을 찾아야 했다.

비즈니스팀 1기(야간반)

비즈니스팀 2기(야간반)

상해대한노인회

격리자 분들을 위한 온라인강의

비즈니스 환경에 바로 적용이 가능해 구체적이고 실질적인 결과물을 내도록 돕고자 했다. 이를 토대로 '비즈니스 현장의 생생한 노하우를 전한다'는 블루캠퍼스의 구체적인 방안이 마련됐다.

상하이에서는 표아트와 정운용 이사('모바일 영토' 저자), 정효령, 정미란, 이라경, 이지영, 강희경 매니저가, 서울에서는 미디어팀장 고가빈, 임수영, 이선균 매니저가 블루캠퍼스 스텝으로 참여했다. 기획자로 초청한 고수미 편집국장의 아이디어로 블루캠퍼스의 브랜드명은 '손안에캠퍼스(손캠)'로 재탄생했다. 그리고 손캠의 프로그램을 기획하면서 곧바로 실행할 수 있는 '모바일 위챗'과 '모바일 사진학' 강의로 입문반/심화반 각 5강을 진행했다. 2020년 12월 7일, 실전과 실행을 통해 나와 기업의 성장을 돕는 '손캠'이 세상에 나오게 됐다.

Blueye

블루아이
자산컨설턴트
배양희 대표

삶의 질을 높이는
부동산 법칙 3가지
프레임만 바꾸면 성공한다

이제 아시아로 진출해야 성공할 수 있다!
아시아 라이프 스타일 트렌드 7가지

아시아에서 자녀교육 어떻게 해야할까?
중국을 알면 아시아 시장이 보입니다!
1억원 투자 아시아 최고의 가성비 짱인 부동산 도시는?
아시아 라이프 스타일로 여러분을 초대합니다.

상하이저널

표아트
상하이저널 디자인센터
표병선 대표 & 이사

평범한 회사를
평범한 상품을, 평범하지 않게
나만의 브랜드 만들기

비대면 시대에 디지털 광고 시장에서
개인의 브랜드 전략은 어떻게 이뤄져야 할까.

개인이나 기업이
SNS에 자신만의 개성으로
노출 시키지 않는다면
희망의 기회는 점차 사라질 것이다!

alligo™

알리고
뉴미디어
데이비드 정 이사

모바일 시대,
스마트하게 생존하는
디지털 마케팅 전략

2020년 코로나19 이후, 새로운 비즈니스 모델이
모바일 영역에서 우후죽순 생기고 있다.
바라만 볼 것인가? 달려가 붙잡을 것인가?

4차 산업혁명 시대, 부자로 만들 새로운 땅이 모바일 영토다.
당신이 개척한 모바일 영토에 점차 많은 사람들이 모여들어
즐겁게 사는 것을 상상해보라!

Blueye

블루아이
전략기획실
전인우 상무

현장을 직접 발로 뛰는
이론과 실무가 겸비된 브레인
아시아 부동산 전문가

매주 상하이(上海)의 10개 이상 지역을
15년째 꾸준히 시장조사를 진행하고 있습니다.

중국(中国) 150여개 도시 시장조사와
그 중 25개 도시 프로젝트 기획과 경험이 말해줍니다.
한·중·일 + 동남아시아 6개 국가 시장조사와
아시아 프로젝트 기획 및 시장분석 보고서와 만나다!

'손안에 캠퍼스'는 나누고 싶은 마음이 있다면 누구나 참여할 수 있습니다.

Mission & Vision

꿈을 돕는 사람들

2020년 12월 7일부터 손캠 시즌1을 진행하는 7개월 동안 교민들에게 넘치는 사랑을 받았다. 상해대한노인회부터 여성네트워크 공감(共感)팀, 호텔 격리자들을 위해 매주 목요일 찾아가는 비대면 손캠, 상하이어머니회 1기~3기, 중소기업인들이 참여해 1기부터 16기까지 150여 명이 수료 과정을 거쳤다. 손캠 회원사와 콜라보를 통해 민스튜디오(토요일에는 나도 모델이 된다)와 협업으로 촬영도 진행했다. 이 밖에 손캠 1~8기 수강생 봄나들이 공모전 '손나들이 갑니다' 행사를 통해 배운 것을 활용하고 생활에 적용하도록 했다.

다양한 특강도 진행했다. "코로나 뚫고 부자되기" 상하이 3인3색 저자

상해 공감(共感)

비즈니스팀 1기 심화반

상해어머니회 1기

특강에서는 상해한국상회(한국인회) 회장과 전임 회장을 비롯한 총영사관 영사, 기업체 대표들까지 참여했다. 코로나로 힘들어 하던 교민사회에 새로운 힘이 될 수 있음을 느꼈던 시간이었다. '춘절에 놀면 뭐하니' 행사 또한 시기에 맞는 유익한 행사였다는 격려를 받았다.

또한 산동성 칭다오 중소벤처기업진흥공단에서 주최한 코로나 극복을 위한 한국투자기업 경영혁신 세미나 '디지털 영토, 혁신으로 경영하라' 강연에 초청됐다. 중소기업 대표 40여 명이 참석했다. 당시 강연한 위챗연구소 '알리고' 정운용 소장과 표아트가 모바일과 브랜딩 전략으로 혁신경영에 인사이트를 줬다는 피드백을 받기도 했다.

그리고 톈진(天津) 포커스기업소식 초청으로 한식품발전협의회 요식업계 대표들을 대상으로 '디지털 마케팅 전략 실전'을 주제로 강연했다. 또 현지 교민들을 모시고 기초, 심화 2회 강연을 진행했다.

'손캠'은 모바일 마케팅의 전반적인 분야를 프로그램에 포함시켰다. 모바일 비즈니스의 전환은 사업체를 운영하는 대표부터 개인에 이르기까지 일상이 돼야 한다고 강조한다. 지금 하지 않으면 아무것도 시작되지 않기 때문이다.

"코로나 속에서도 성장하는 기업들이 있다. 나와 기업의 성장을 위해 '손캠'과 함께하는 수강생들은 매주 '모바일 마케팅의 모든 것'을 익히고, 곧바로 실전에 적용한다. 언택트 시대, 피할 수 없는 모바일 마케팅으로 승부수를 던진다. 그들은 작년보다 올해, 오늘보다 내일 더 성장한다.

'블루아이'가 운영하는 모바일 대학 '손캠'.

상하이 3인3색 저자특강_**노마시안** 배양희, **선한영향력** 박상윤, **모바일영토** 정운용

스마트폰 하나로 돈을 버는 사람들이 있는가 하면 전화, 문자메시지, 검색, 영화, 게임 등 돈을 지불하는 기능으로 사용하는 사람들도 있다. 알리바바 창립자 마윈은 미래의 젊은이들에게 이야기한다.

"당신이 어떤 직업과 어떤 일을 하든지 상관없습니다. 다만 모든 영역에서 모바일과 연결되도록 해야 합니다."

손캠프로그램

정규반 [기초]	
1강	전략수립 W모델 (On-Line) 틱톡? 이젠 위챗 '채널(视频号)' 시대
2강	디지털 전환의 시대 (On-Line) 스마트폰이야? DSLR이야? 사진촬영기법
3강	콘텐츠 마케팅 (On-Line) 모임행사 안내, 모바일 포스터는 기본
4강	프라이싱의 힘 (On-Line) 동영상, UCC 앱 활용하기
5강	스피치의 품격 (On-Line) 모바일로 홍보 전단지 만들기(H5)

정규반 [심화]	
1강	모바일 포스터 심화
2강	기본을 알면 누구나 사진작가! 모바일 사진촬영 & 동영상 심화
3강	영상편집 앱 활용 영상제작 심화
4강	H5 제작 심화
5강	지루한 비즈니스는 가라 나만의 이벤트 만들기

Blue Campus 블루캠퍼스

포커스 기업소식 초청, 천진한식품발전협의회, 손캠 1기 기초반 & 심화반

13기 심화반

상해어머니회 3기

상해어머니회 2기

청도(**青岛**)중소벤처기업발전협회 초청, 코로나 극복을 위한 한국투자기업 경영혁신 세미나

‘손캠’의 이야기는 계속됩니다

손안에캠퍼스 시즌1 에서는 정규반 [기초], 정규반 [심화], 프리미어프로 [기초]를 통해 모바일 세계의 개념을 이해하고 기본기를 익혀가는 과정을 개설했다.

시즌1을 마치고 시즌2에서는 16기까지 진행해 오면서 수렴된 피드백을 바탕으로 모바일 마케팅, 디자인, 사진, 영상 등 마스터 과정으로 진행하고 있다. 그리고 이미지메이킹(image making), 상하이 역사히어로 등 보다 많은 전문인들이 참여하는 손캠으로 거듭나고 있다.

행복이 넘치는 15기 심화반

열정이 가득한 16기 상해한국학교 선생님들

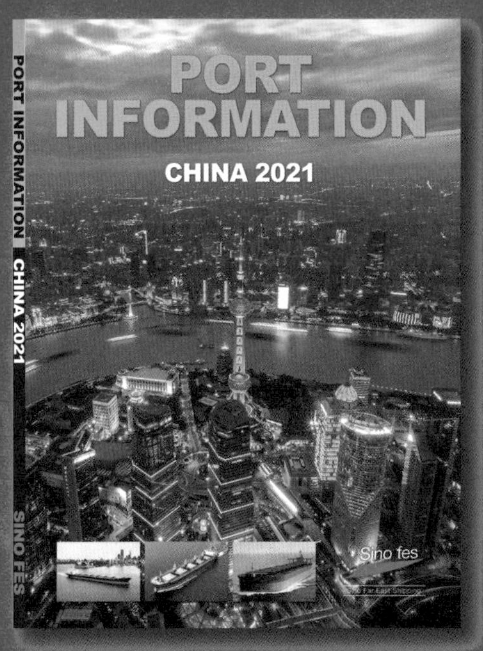

PORT Information CHINA_SINO FES

PART 05

그릴 수 있어야 **기업이다**

점 하나에도 기업의 방향을 담아라!

성장할 것인가 버림받을 것인가

기업의 '꿈'을 '그린다'는 것은

The Company that can Draw a Vision

%

모든 영역에서 내가, 조직이, 회사가, 어떻게 그릴 것이냐에 따라 그 시작도 결과도 달라진다. 그러하기에 좋은 생각을 언제든지 그려내고 소통할 수 있는 캔버스를 준비했으면 좋겠다.

photo_칭다오 신호산 공원(信号山公园)

QINGDAO

아시아로(ASIARO) LOGO & 명함디자인

14

점 하나에도 기업의 방향을 담아라!

나아가도 좋고 멈추어도 좋다. 결단을 내리는 것이 중요하다.

마쓰시타 고노스케, 기업인

제 회사는 제가 제일 잘 압니다

상하이는 꿈을 향해 달려가는 사람들이 모여드는 대표적인 도시다. 어떤 면에서는 준비 없이, 자신의 실력이 어느 정도 인지 확인해보지 않은 채 도전하는 이들이 많다. 무모하다 못해 기본의 기본도 갖추지 않은 채 달리기 시작하는 사람들이 많다. 주변의 조언이나 냉정한 평가는 무시한 채 오로지 자신만의 세계에 빠져 어디서부터 잘못되어 있는지도 모르는 경우가 허다하다. 중국에서 어떤 사업을 진행하려고 할 때, 바로 실행에 옮기지 말고 적어도 6개월은 지켜보고 진행해도 늦지 않다고 경험자들은 말한다.

규모는 작아도 사업에 성공하는 사람들의 공통점과 그렇지 못한 사람들의 적용방식은 결과로 나타났다. 모두가 전문가의 의견이나 제안대로 진행할 필요는 없다. 다만 안타까운 것은 좀 더 나은 방법이 있음에도 불구하고 스스로를 과대 평가하고 상대를 과소 평가하는 경우가 있다는 점이다. 특히나 나름대로 성공을 경험해본 사람들이 더욱 심한 것 같다. 그도 그럴 것이 자신의 방법대로 잘해왔기 때문에 굳이 컨설팅 비용을 주면서까지 조언을 들을 필요가 없을뿐더러 모르는 분야가 있다 해도 주변 인맥을 통해 알아보는 경우가 일반적이다. 어느 정도까지는 성장하지만 그 이상을 지속하거나 나아가지 못한다. 그리고 결과 앞에서도 자신의 한계를 인정하지 않는다.

어느 날 조선족 대표가 운영하는 디자인 사무실을 찾았다가 말도 안 되는 장면을 보게 됐다. 디자이너 출신의 사장은 자신의 자리를 고객에게 빼앗겨 옆에 서 있고, 일을 의뢰하는 사람이 그 자리에 앉아서 작업 지시를 하고 있는 것을 보고 말문이 막혔다. 더욱이 그 자리에 앉아 있던 사람은 상하이 교민사회에서 사업을 잘한다고 손꼽히는 사장이어서 더 혼란스러웠던 기억이 있다. 비즈니스는 나를 인정하고 상대를 존중하는 것부터 시작된다.

어디서부터 잘못된 것일까? 알고 지낸 지인에게 도와준다는 마음에서 매장 디스플레이를 조금 수정하면 더 좋을 것 같다고 말했다가 낭패를

본 적이 있다.

"내 마음에 맞게 잘 하고 있는데, 지나친 간섭은 사양합니다. 신경 쓰지 마세요."

불쾌한 마음을 드러내 몇 번이나 사과를 해야 했다. 모두를 만족시키는 결과물은 없다는 것을 다시금 깨달았다. 그 이후 필요한 사람들에게 더 집중하는 것이 옳다는 생각이 더 강해졌다. 그리고 제한된 에너지를 효율적으로 사용하여 선택과 집중을 해야 한다면 상대를 인정할 줄 알고 유연한 마음으로 창의적인 생각을 받아들일 준비가 돼 있는 사람들과 일하는 데 쏟아부어야겠다는 생각을 굳혔다.

잘 되는 기업의 공통점 중 하나는 잘 못하는 것은 못 한다고 인정하는 것이다. 인정하는 것부터 혁신은 시작된다. 그러나 안타깝게도 많은 사람들이 인정하기 싫어할뿐더러 오히려 감추고 싶어한다. 그러다 보니 꼭 해야 할 말도 피하게 된다. 정작 혁신을 꿈꾸면서도 상처는 도려내길 꺼려한다. 도전할 만한 선택과 길이라면 쓴 소리도 받아 들이는 리더와 회사가 많을 것 같지만 안타깝게도 귀하다. 액션은 없고 생각만 많다.

언더백 기업에서 컨설팅은 허세라구요?

단순 디자인을 마케팅 기획으로, 마케팅 기획을 비즈니스 전략으로 접근하면서 "한 끗 다르게 생각하는 기획 마인드, 경영자의 자세로 디자인하는 사람"이라며 가까운 분들은 과분한 평가를 해주시기도 했다. 이에 자신감을 얻어 디자인 마케팅 이상의 것을 원하는 회사에는 일주일에 한

그가 떠나려니 붑니다!

아침이고 저녁이고
도통 시간개념 없이
나를 놓아줄 줄 모르더니
조금씩 숨통 트일 여지가 생겨납니다.

소슬한 바람에 여유를 느낀 것도 잠시
저만치 떨어져 있는 그가 보입니다.
부른다고 올 것 같지도 않은 그.
왠지 그가 더 크고 멋져 보입니다.

늘 그렇듯 때 늦은 후회.
다시 그가 내게 올 때
멋지게 보낼 수 있을 것 같습니다.
그는 내가 불평만 했던
무더운 8월의 여름입니다.
그는 내 젊은 시절
순수했던 열정입니다.

글 박진영 / **일러스트** 표병선

언제나 열정은 내 안에서 붑니다. 병선생각.

번씩 컨설팅을 하게 됐다. 하지만 상하이의 많은 한국 업체들이 회사 운영 예산에 컨설팅 비용을 별도로 책정하지 않는다는 것을 너무도 잘 안다. 유료 컨설팅은 마치 정규 교육 외 고액 과외를 받는 학생처럼 여유 있는 회사에서나 하는 허세로 여기는 분위기는 안타깝지만 어쩔 수 없는 것 같다.

하지만 경영 전략의 중요성, 컨설팅의 필요성을 안다면 방법이 전혀 없는 것은 아니다. 운영 자금에서 고정 비용처럼 기획 자문료를 축적해 나가면 된다. 그렇게 하다 보면 좋은 기획자들과 일할 수 있게 되고, 지속해서 하다 보면 한 명이 아니라 두세 명의 기획팀을 만들어갈 수 있는 길이 열린다. 실제 그런 회사를 봤고 성공 사례를 경험했다.

애플이 삼성에 비해서 순이익이 높다, 그러나 수익이 적은 삼성은 애플의 3배 연구비를 투자하고 있다. 한 발 한 발 미래를 준비하는 삼성의 모습을 보면 10년 뒤에도 애플이 계속 삼성과의 격차를 계속 유지해갈 수 있을까 하고 생각해보게 된다. 당장은 어렵다고 포기하는 것이 아닌, 다음을 준비하며 발전과 성장을 꿈꾸는 것이다. 한국 비즈니스 국가대표로 중국에 진출한 많은 회사들이 인식 전환을 통해 준비해나가면 좋겠다.

명함'만' 디자인하지 않습니다

"디자인 하나 의뢰하려고 하는데요."

"네, 어떤 디자인이 필요하세요?"

"명함 디자인도 하시나요?"

"네, 명함 디자인만 하지는 않습니다."

"네? 무슨 말씀이죠?"

"기업의 얼굴인 로고를 만들어 드리는 일을 하고 있는데요. 기업의 전체 이미지를 만들어갈 때, 명함도 중요한 요소지만 그 하나만을 만들어 드리지는 않는다는 얘기입니다."

"아, 네…."

"보통 명함 제작 업체에 의뢰하면 50~100위안이면 잘 만들 수 있어요. 더 저렴한 곳도 있고요. 제가 명함 디자인을 할 경우 500위안을 받는다고 하면 맡길 수 있겠어요? 그래서 제가 명함 디자인을 해드리고 싶어도 비용 부담을 느낄 수 있기 때문에 할 수가 없다는 얘기입니다."

"……."

중국에서 꿈을 이루기 위해 어떤 일이든지 다 한다는 각오로 임했다. 명함 하나를 받기 위해서 베이징 뉴런지에(女人街)에서 왕징(望京)까지 택시를 타고 가서 사무실도 아닌 길거리에서 메모지를 받아 들고 사무실로 돌아온다. 그리고 곧바로 디자인해서 이메일을 수차례 주고받으며 일을 처리한다. 김 실장은 몇십 위안을 위한 거래가 아닌 미래를 위한 과정이라고 생각했다. 2005년 베이징에 있을 때 알게 된 거래처 김 실장 이야기다.

고객들이 "잘 나왔네요."라고 만족하면 그나마 기분은 좋다. 그런데 잘못 나왔다고 트집 잡으며 명함 값을 깎으려는 사람들을 대할 때면 "중국까지 와서 내가 뭐하고 있나."라는 회의감이 들었다는 김 실장, 상하이로 이직하는 나에게 응원을 보냈다. 김 실장 이야기에 크게 공감하면서 가치를 만드는 일에 최선을 다해야겠다고 생각했다. 명함 디자인을 의뢰하는 고객들에게 명함만 디자인하지 않는다고 답하는 이유, 이 때문이다.

모든 디자인 작품은 창작 예술

"저는 단가를 낮추지 않습니다. 단가를 낮추는 순간 동종업계 일하는 사람들과 젊은 디자이너들이 단가가 더 낮아지면 사실 미래를 준비할 수 없게 되는 악순환이 반복되기 때문이죠. 그래서 이 단가를 고수합니다."

©PYOart

한국 대표적인 디자이너 중 한 분 얘기다. 좋은 디자인을 위해서도 바람직하다고 본다. 물론 나도 명함 디자인을 할 수 있다. 명함을 디자인하게 되면 리플렛, 카탈로그 등 연계성이 있어서 관계를 이어가는 좋은 시작점이 된다.

피아노를 배울 때 아이들에게 체르니 30을 가르치는 선생님과 음대 입학을 위해 입시 레슨을 하는 선생님의 과정이 같지 않듯이, 프로가 되기 위해서 노력하는 많은 이들에게 가르치는 방법이 다르다. 대학 교수님이 체르니 30을 가르칠 수도 있겠지만 각자에 맞는 포지셔닝이 있는 것처럼 디자인 영역도 마찬가지다.

하찮은 디자인이란 있을 수 없다. 그러나 한국의 디자이너들은 소수 디자이너들을 제외하고는 대부분 제대로 대우를 받지 못한다. 그렇다고 젊은 신예 디자이너, 세계적인 스타 디자이너도 없다. K팝 가수들을 보

"우리의 상상력은 바로 클라이언트의 힘입니다."

좋은아침<Morning Shanghai> 광고 일러스트면 그저 부럽다. K디자인이 나오면 정말 좋겠다는 생각을 한다. 세계적인 디자인 어워드 상도 받을 수 있는 한국인 디자이너가 많이 나올 수 있는 그런 환경이 다져지길 바랄 뿐이다.

하지만 안타깝게도 한국에서 디자인 관련 일을 하는 사람들은 스스로를 '3D 업종' 종사자라고 한다. 제대로 대우받기 힘든 환경 탓이기도 하고, 일을 의뢰하는 사람들도 디자인 분야를 창작과 무형의 자산이라고 인식하지 못하는 현실 때문이기도 하다. 의뢰한 광고디자인이 마음에 들었을 경우 타 신문사나 자체 홍보물로 사용할 수 있도록 원본 데이터(AI 파일)를 달라는 고객도 있다. 또 매장 X배너 등에 사용하고 싶다는 경우도 많다. 당연히 추가 비용은 염두에 두지 않은 채 너무도 당당하게 요구한다. 여기에 한술 더 떠 왜 안 주냐고 큰소리치기도 한다. 광고 디자인 한 건 의뢰해놓고 소유권까지 자신에게 넘어간 것으로 착각한다.

음악은 같은 곡이 음악방송에서, 노래방에서, 광고에서, 드라마에서 흘러 나올 때마다 곡을 만든 작곡 작사가들에게 저작권료가 발생한다. 이런 풍토도 오래되지 않았지만 어쨌든 지금은 당연한 것이 됐다. 그런데 디자인은 유명 디자이너의 작품이 아닌 이상 창의적인 산물, 예술이 가미된 작품으로 여기지 않는다. 산업디자인학과가 예술대학에 속해 있는 이유를 생각해보면 그 당당한 요구가 타인의 창작물을 훔치는, 얼마나 부끄러운 일인지를 알 수 있다. 작은 명함 디자인, 회사 로고 안의 점 하나 조차도 창작물으로 여길 수 있는 사회적 풍토가 조성돼야 한다.

얼마만큼의 가치로 만들어 드릴까요?

"예산은 얼마로 책정하셨나요?"

회사의 로고 제작을 의뢰하기 위해 방문하는 고객들에게 가장 먼저 묻는다. 사실 이 말은 "얼마만큼의 가치로 만들어 드릴까요?"의 우회적 질문이다.

"글쎄요, 저는 잘 모르겠어요."

대부분 이렇게 답한다.

모르는 것이 당연하다. 안 해봤으니까 모른다고 말한다. 그런데 대화를 나누다 보면 결국에는 어느 정도 자신이 예상하고 있는 금액이 나온다. 예산을 먼저 물어보는 이유는 모든 업체마다 잘 만들면 좋겠지만 무리해 가면서까지 꼭 그렇게 해야 할 필요는 없다고 생각하기 때문이다. 그리고 이렇게 조언한다.

"지금 단계에서는 이 정도만 해도 됩니다. 예산에 맞는 업체를 소개시켜 줄 수 있어요. 그것이 현실적으로 맞습니다."

냉정해 보일 수 있는 이 같은 조언에는 개인적인 경험이 있다. 중국에서 일하면서 가장 어려웠던 시기는 금융위기가 왔던 2008년때다. 창업을 하고 지인의 소개로 사무실 한편을 빌려 쓰는 형편이었다. 커피믹스 하나를 고객에게 대접할 수 없어서 "회사로 오세요."라는 말을 못했을 만큼 어려웠던 시기다. 신규 창업 회사, 소규모 업체에게는 소소한 지출 비용이 모두 부담이 된다. 잘 하고 싶다는 의욕만으로 처음부터 홍보에 무리한 비용을 지출했다가는 회사 운영에 균형감을 잃게 된다. 적절하게 그 시기와 사정에 맞는 디자인을 선택하고 차근차근 기획 단계를 거치는 것이 바람직하다. 무리하지 않는 선에서 한 단계 한 단계 그 과정들을 잘 감당해가면서 성장할 수 있으면 좋겠다.

회사 대표들이 디자인 마케팅 세계에 들어왔을 때

©PYOart

"상하이에서 오랫동안 회사를 운영하면서 여러 교민신문에 광고를 했다. 당시 신문광고는 교민 고객들에게 우리 회사를 알릴 유일한 방법이었다. 창간할 때부터 폐간할 때까지 단 한 번도 빠지지 않고 광고했던 신문사도 있다. 그런데 최우수 광고주인 우리 회사가 사무실을 이전했는지, 주로 어떤 행사를 하는지 관심이 없었다. 광고주 관리를 이렇게 소홀히 해도 되나 싶었다. 그도 그럴 것이 너도나도 기회의 땅 중국으로 몰려들던 시기였으니 "광고 실을 지면이 없어요. 다음주에 오세요."라고 해도, "예." 공손히 말해야 했다. 누가 갑이고 누가 을인지 모를 상황에 광고주로서 우리 회사를 제대로 알리고 싶은 갈증은 커져만 갔다. 그 갈증을 해소해준 사람이 표아트다. 관심과 관리를 받고 싶어하는 광고주인 '나'를 브랜딩의 세계, 디자인 마케팅의 신세계로 인도했다." _A회사 사장

"사무실을 이전 오픈하면서 표아트가 근무하는 상하이저널 디자인센터를 찾아 갔다. 마감일이라 바쁘다며 다음에 만났으면 했다. 속으로 '너

"참 엉뚱한회사"

광고주 설득하는 일보다 내부 만족도를 뛰어넘는 일이
더 까다로와 색다르지 않으면 인정사정 봐주지않고
오늘도 등불이 꺼지지 않는 참 고된 회사

좋은아침<Morning Shanghai> 광고 일러스트만 바쁘냐? 나도 바쁘다.' 하며 막무가내로 사무실 문을 두드렸다. 간절했던 나의 눈빛을 읽었는지 바쁘다는 표아트는 본인이 직접 광고 디자인하고 있는 몇몇 업체들의 사례를 설명했다. 그리고 그 짧은 몇 마디 대화가 오간 순간에 클라이언트 회사가 가고자 하는 방향을 캐치했다. 곧바로 우리 회사에 색깔을 입히고 디자인해나갔다. 새로운 세상을 만났다. 충격적인 순간이었다. 여기에 마케팅과 경영 얘기가 얹어졌다. 평소 경영에 관심이 많았던 나와 표아트의 만남은 그렇게 풀려가고 있었다."

_B업체 대표

"남다른 광고 마케팅 철학을 갖고 있는 표아트와의 첫 만남을 잊을 수 없다. 동그라미 하나에도 철학이 담긴다는 것을 알게 됐다. 그냥 무의미하게 그리는 것과 그 안에 의미를 담아 모든 욕구를 동그라미 안에 가둔다는 것과는 천지차이라는 것을 배웠다. 진정으로 클라이언트 회사의 성장과 발전을 위한다는 생각이 들게 했다. 첫 만남 이후 대화의 주도권은 늘 표아트가 쥐게 됐다. 지면광고 디자인으로 시작한 만남은 물 흐르듯 자연스럽게 매장 인테리어 상담으로 이어졌고, 어떤 힘에 이끌려 우리 회사의 방향성까지 의논하게 됐다." _C매장 점장

내 생각도 틀릴 때가 많습니다_상하이저널 칼럼 일러스트

15

성장할 것인가 버림받을 것인가

다른 사람을 움직이는 유일한 방법은
그가 원하는 바를 제공하는 것이다.

데일 카네기 (Dale Carnegie) 작가

고객은 안다. 진심인지 흑심인지

마케팅은 Market + ing이다. 마켓은 구매자와 판매자가 물건을 거래하거나 판매하는 장소를 생각하지만 마케팅에서 말하는 마켓은 장소로서의 마켓이 아니다. Market: various groups of customers. 고객들의 다양한 집단이다. 즉 마켓은 장소가 아니라 사람이라는 의미다.

그래서 마켓(Market) = 고객(Customers)이라고 말한다. 마켓이 사람

흐르는 강물은 먼저 가려고 다투지 않습니다. 당신의 사랑은 어디로 흐르고 있나요.

이고 고객이기 때문에 마케팅(Market + ing)은 고객과 관련된 행동이 된다. 고객에게 무엇 무엇을 해주는 것이 마케팅이 된다. 고객이 원하는 것을 충족시켜주는 것이고, 고객이 원하는 것을 만들어주는 것이고, 만든 제품을 알리고 설명해주고, 그리고 고객에게 전달해주는 모든 과정이다.

고객에게 신뢰를 쌓아가는 데 절대적으로 필요한 것은 결국은 '진정성'이다. 뻔한 대답이지만 정답이다. 그러나 고객은 그것을 느낄 수 없다. 그 행위가 나를 위해서인 것인지 묻고 있다. 이 관계를 극복하느냐 극복하지 못하느냐에 따라 조금 더 사랑 받는 기업으로 성장하느냐 버림받는 기업이 되느냐의 갈림길에 놓이게 된다.

고객에게 무엇을 전해줄지 생각하면서 정보를 주는 것과, 정보를 주면 원하는 것을 취하겠지 하는 생각으로 진행하는 것은 과정의 차이는 없어 보이지만 결과에는 큰 간극이 벌어진다. 고객들은 진짜인지 가짜인지 다 알아 차리기 때문이다. 고객들의 가려워하는 곳을 잘 살피고 불편을 해결하면 결과는 자연스럽게 긍정의 방향으로 흐르게 돼 있다.

"고객이 답이다"는 고객의 생각을 읽고 고객의 편에서 고객 중심으로 생각하라는 뜻이다. 모든 레이더를 고객에게 향하고 신호가 오면 하나씩 해결해주는 것이다. 여기에 한 발 더 나아가 그 레이더가 하트가 되도록 해야 한다. 고객을 사랑하라는 것이다. 최고의 마케팅은 관계를 회복하는 것, 즉 고객을 사랑하는 것이기 때문이다.

그런데 고객에게 사랑하는 마음을 갖는다는 것이 어디 쉬운 일이겠는가. 진상 고객, 생색쟁이 고객, 왕 대접 고객…. "세상에! 이런 손님이 있

오늘의 내가 영원한 갑이 아닐 수 있으며,

오늘의 내가 영원한 을이 아닐 수 있습니다.

서로가 공감하고 소통하며 최소한의 예의를 지키는 사회!

다고?" 할 정도로 시대가 바뀌고 사는 곳이 달라져도 이런 고객들은 꼭 있다며 업체 사장님들은 열변을 토한다. 오죽하면 각 분야 '진상 고객 베스트 10'을 만들어볼까 하는 생각까지 했을까.

조미료를 넣지 않고 육수로 맛을 내는 것을 자부심으로 여기는 식당 사장님의 얘기다. 한 고객이 식사를 마치고 나가면서 "사장님 조미료가 너무 많은 것 같아요!"라며 불만스럽게 문을 나섰다고 한다. 그 고객의 식사 자리에 가보니 국물 한 방울 안 남기고 다 비웠다는 것. 그때 그 사람은 왜 그랬을까.

여성의류 매장이 가장 난감한 고객은 이런 유형이다. 피부에 착 달라붙는 레깅스까지 입어보고 구매하겠다는 고객들이다. 안 사면 그 레깅스는 어쩌라는 건가. 더 심한 경우는 분명히 세탁한 옷인데 하지 않았다며 줄었으니 교환해 달라고 떼쓰는 고객들, 족히 몇 번은 입었던 흔적이 있음에도 한 번밖에 안 입었다며 다른 옷으로 바꾸겠다는 고객 등 업종별로 "내가 최고."라고 할 만큼 진상 고객 유형은 참으로 다양하다.

깨물어 안 아픈 손가락만 사랑합니다

자영업 사장님들뿐 아니라 중국과 거래하는 중견업체들도 코로나 시대다 보니 중국으로 시장조사를 올 수 없게 되자 현지 업체에게 시장조사를 요청한다. 그때마다 기회를 주는 것인 냥 새롭고 참신한 아이템을 찾아달라고 요구한다. 물론 시장조사 비용은 없다. 그야말로 글로벌 갑

"부자 이야기, 어리석은…"

"어리석은 부자가 있었습니다.
집 안 가득 재물을 쌓아놓고 매일 밤 부자는 자신이 재물이 어디로 다 사라질까 불안해서 잠을 잘 수가 없었습니다.
잠들지 못하고 이리저리 뒤척이는 그를 향해 아내가 소리를 질렀습니다.
"잠 좀 자자구요?!!"

내가 소유하려고 집착했던 것들을 꺼내어 본다.

뜬 눈으로 밤을 새우고 아침이 되면 부자는 자신의 재물들을 점검하기 시작합니다.
이 일에 온 마음과 정성을 쏟던 그는 점점 여위어 갔습니다.
자신의 재물들을 확인하는데 온 하루를 다 보내느라 식사를 제대로 하지 못했기 때문입니다.
보다 못한 아내가 세상에서 제일 좋다는 것을 다 구해 그에게 먹이려 했습니다.
하지만 그는 자신이 죽을까 봐 지나치게 염려를 한 탓에 물 한 모금 넘기지 못하고 급기야 쓰러지고 말았습니다.
병상에 누운 그에게 보이는 것은 자신의 아내가, 다른 남자와 함께, 자신의 재물을 가지고, 행복하게 살고 있는 환영들뿐이었습니다.

선한 일에 부지런하고 선한 사업에 부지런한 사람들은 잠이 무척이나 달고 모든 음식이 다 꿀처럼 맛있습니다!

글 김은우 작가 / **일러스트** 표병선

질이다. 돈 안들이고 시장조사에 마음에 드는 물건이 오면 오더를 내리겠다는 도둑 심보다. 마음에 드는 물건을 납품하게 되면 다행이지만 아닐 경우가 더 많을 텐데 그런 것은 소규모 업체에게 떠넘긴다.

"최소한의 비용도 안 주나요?"

현지에 출장자를 보내도 비용이 드는데 타 업체에 의뢰하면서 이럴 수 있나 싶어 물었다. 주재원 생활을 하다가 개인 사업을 하는 사장님이 한마디 한다.

"중국을 바라보는 한국 업체들의 오래된 관행입니다. 절대 안 주죠."

그 업체가 이름만 대면 알만한 업체라서 더 놀라웠다.

당신은 세상을 살아가면서 무엇을 소유하겠습니까?

기업과 고객들에게 알짜 정보를 주기 위해 발로 뛰며 얻은 생생한 정보를 전달한다. 마음에 들지 않는 정보도 있다. 그런데 정보를 다 듣고는 비용을 아끼기 위해서인지 직접 연락해 계약하는 경우도 있다고 한다. 본인이 계약한 것이 아니라 다른 팀이 진행해서 몰랐다는 비겁한 설명과 함께.

너에게 쓴 편지 바람에 띄웁니다
내 마음은 압니다. 혼자 힘만으로는 온전한 삶을 살 수
없다는 것을. 그래서 행복합니다.

부동산의 경우도 정보만 얻고 개발상을 직접 찾아가는 경우도 있다. 중국 개발상 직원이 부동산에 전화 걸어 알려준 얘기다.

“너희 한국 손님인데, 우리를 찾아와도 가격은 같은데 왜 직접 와서 계약하지?”

그러다 개발상과 종종 문제가 발생한다. 그때 다시 부동산을 찾아와 해결해 달라고 하는 철면피 고객도 있다. 매물에 대한 정보를 얻기 위한 노력과 수고를 무상으로 얻겠다는 고객들, 타인의 노력으로 얻어낸 정보의 가치를 인정하지 않는 염치없는 사람들, 모든 진짜는 비즈니스의 기본을 지키는 것부터 시작된다고 믿는다.

나 역시도 한 분 한 분의 고객에게 최선을 다하기 위해 노력한다. 그러나 모든 사람에게 매 순간 최선을 다할 수는 없다. 그래서 모두를 사랑하지는 않기로 했다. 할 수도 없었다. ‘깨물어서 안 아픈 손가락이 없다’는 엄마의 거짓말, ‘모두 다 사랑하리.’라는 카사노바 마케팅은 요즘 시대에는 통하지 않는다.

깨물어 안 아픈 손가락만 사랑하는 것, 이것은 나의 ‘모바일 사진학’ 강의에도 적용된다. 사진에서 ‘불필요한 요소를 제거하라’는 것은 고객을 대하는 비즈니스에도 필요한 태도라고 얘기하고 있다. 깨물어 안 아픈 고객, 희망을 얘기하는 기업에 에너지를 쏟기에도 시간은 부족하기 때문이다.

BLUEYE VISION HOUSE

mission	**해외에서도 더욱 새로운 더욱 풍요로운 거주문화 스타일을 선도한다**
vision 2022	2022년 글로벌 라이프 문화 그룹이 된다!
10 year vision	2020 10개 도시에 10개 지점 설립 / 2030 12개 나라에 12개 학교 설립
core value	BIG idea · 선도 · 책임 · 열정 · 연합 · 성장 · 나눔 · 누림
core competence	작은 고객의 소리도 놓치지 않는다 / 날마다 피드백한다 / 피드백 후 즉시 실행한다

Blueye
ASIARO
考力亚房地产
Korea Real Estate Agency
KOREA
REAL ESTATE AGENCY

16

기업의 '꿈'을 '그린다'는 것은

당신은 당신의 인생을
좀 더 멋지게 만들 의무가 있다.

의도성의 법칙

꿈을 그립니다

세상의 모든 것이 셧다운(shutdown) 됐다. 기업과 업종마다 운영되어 온 시스템 작동이 멈췄다. 장기적인 어려움을 딛고 강제 리부팅할 수밖에 없는 상황에 놓였다. 이때 누군가 과감하게 리셋(Reset) 버튼을 누른다면, 다시 도전할 수 있는 에너지가 생길까. 한치 앞도 보이지 않는 끝없는 터널 앞에서 멈추지 않고 걸어나갈 수 있을까.

田 내가 걸어갈 때 길이 되고 살아갈 때

리셋 경제의 코로나 속에서 리부팅하는 기업들이 있다. 중국에서 '농심' 등 한국산 라면 주문이 늘었다. 집콕시대 안마의자 '바디프랜드'는 날개를 달았다. '한국MLB'는 한 달에 90개 매장을 개척하며 초고속으로 성장하고 있다.

서울 E-Land FC 대표이사를 역임하고 현재 저장인상실업(浙江印象实业股份有限公司)을 경영하는 박상균 총재는 상하이 시장 재진입을 위해 45개 쇼핑몰 중 후보 쇼핑몰 20곳을 책임자들과 함께 둘러봤다. 상하이지사는 누적 적자가 심해 작년 상반기 지사를 철수했는데 올해 브랜드가 많이 준비돼 2022년 재진입을 결정했다. 올해 연말까지 두 세개 매장 오픈을 앞두고 있다.

한국 ㈜한세의 중국 법인장이 이랜드 후배를 만나 조언을 구하고 정보를 나눈다. ㈜한세에서 운영하는 아동복 컬리수, 모이몰론, NBA Kids, NBA Style 등 4개 브랜드는 황무지 시장에서 시작해 올해 대리점만 무려 70개 매장을 확대했다. 이들은 모두 중국의 수많은 로컬 브랜드와 경쟁하면서 멋있게 성장해가는 한국 비즈니스 국가대표 선수들이다.

반면, 경쟁에서 밀리고, 성장이 멈춘 기업들도 있다. 중국에 진출한 수많은 언더백 기업들에게 묻고 싶다.

"어떻게 코로나를 극복할 생각인가요?

한국과 달리 마스크 없이 생활이 가능한 중국이지만 코로나 환자가 발생하면 철저한 지역 통제를 실시한다. 모두가 어려운 팬데믹 상황에서도 지금껏 꿔온 그 꿈들이 누군가는 현재 진행형으로, 누군가의 꿈은 철저하게 갇히기도 한다. 열 배의 노력을 해야 두 배 정도 인정받는 업체들이 있는가 하면, 두 배 노력으로도 열 배의 효과를 얻는 업체도 있다. 변화를 꿈꾸기는커녕 유지하기도 벅차다. 하지만 그들은 안다. 유지는 결국 퇴보와 다름이 없다는 것을.

"그거 해봤는데 안 돼요."

두 세 번도 아니고 딱 한 번 알아본 후 안 된다는 결론을 내린다. 하기 싫은 것인지, 안 하는 것인지, 생각의 틀에 갇힌 리더는 회사의 미래뿐 아니라 직원들의 꿈도 가둔다. 제대로 시합도 하기 전에 비즈니스 국가대표 자격은 박탈돼버린다. '나'와 '회사'는 이 질문에 무엇이라고 말할 것인가. 머릿속 생각에 머물지 말고 구체적으로 써보자.

중국에서 20년간 꿈을 그려가는 기업들

기업에 대한 평가 기준은 종업원 수와 사업규모에 상관없이 "지속하고 있는가."라고 생각한다. 이 잣대로 블루아이를 평가하자면 높은 점수를 주고 싶다. 1992년 한중 수교 이후 15년 이상 중국에서 지속적으로 사업을 운영하고 있는 사람들이 얼마나 될까를 생각하면 블루아이는 충분히 우수기업이다.

아무리 잘나갔던 시절이 있었더라도 지금 하고 있지 않다면 전설로 남을 뿐이다. 신문과 잡지를 예로 들어 보더라도 상하이에 입국했던 2005년, 그때도 있었고 현재도 운영되고 있는 매체는 '상하이저널'이 유일하다. 상하이 한인 인쇄매체의 호황 시기에는 114 전화번호부를 포함해 20여 개가 발행되던 때도 있었다. 현재 발행되고 있는 에듀뉴스, 벼룩시장,

한인신문은 후발주자로 시작한 매체들이다.

상하이저널은 올해로 22주년을 맞는다. 상하이저널 '디자인센터'는 11년째다. 그간 디자인센터를 운영해오면서 수백여 명의 광고주를 상담하고 광고를 진행했다. 그 중 현재까지 게재하고 있는 광고는 현대자동차, 블루아이(코리아부동산), 반석부동산, 세스코, 월드브릿지, 범양해운, 소망투어, 스마일항공, 현대비자, 글로리제이 기업관리센터, 1001안경, 아이미 꽃배달, 낙원식품, 행복한마트, 유토컴퓨터, 로그인차이나 정도다.

한국에서는 10년 안에 자영업 25%가 문을 닫는다는 통계가 있다. 중국은 자국민을 법으로 보호하고, 외국인과 외국기업에게 좀 더 엄격한 규정을 적용하다 보니 성공 사례가 상대적으로 적을 수밖에 없다. 한때는 성공인 줄 알았다가 한순간 중국 자본에 먹혀 경영권이 넘어간 회사도 부지기수다. 알려진 기업으로는 락앤락, 주커피, 카페베네 등이 있다.

대규모 투자와 대형 기업들도 버티기 힘든 중국시장에서 15년, 20년 동안 한 가지 비즈니스를 '지속'하고 있고, '지속 가능성'이 있는 회사가 되는 것은 몽고사막에서 바늘 찾기만큼 어렵다. 기업이 '지속 가능성을 갖는다'는 것은 밑그림부터 차근차근 그려온 기초과정이 없이는 어려운 일이다. 달리 말하면 회사의 비전과 꿈을 그려낼 수 있어야 '지속 가능성이 있는 기업'이라 부를 수 있다는 것이다.

기업과의 소통, 브랜드 파워가 중요한 이유

브랜딩과 마케팅 과정에서 기업과의 소통은 기본이다. 디자이너, 마케

마음속 첫 눈을 기다리듯, 늘 감사하며 삽니다. ind.

터, 기획자로서 기업과의 원활한 소통을 이끌어내기 위해 3가지 노력을 한다.

첫 번째는 경영자나 마케팅 담당자의 이해를 돕기 위해 숫자나 데이터들을 총동원한다. 필요하면 눈높이에 맞추기 위한 그래프와 그림들까지도 활용한다. 단번에 이해가 되도록 친절하게 그들의 용어로 바꿔준다. 브랜딩 과정에서 보면, 주로 기업 입장에서 얘기를 한다. 예를 들어 우리가 이런 것을 하고 싶다고 하면 기업 입장에서 "전혀 이해가 안 된다!", "도대체 왜 하는 것이냐?"고 답답해한다. 예상 문제에 모범 답안을 준비하면 된다.

두 번째는 쿠션언어들을 거의 사용하지 않는 편이다. 대부분 서로의 관계를 위해서 굳이 하지 않아도 되는 쿠션언어들이 오간다. 서론은 최대한 짧게, 곧바로 본론으로 들어간다. 돌아가지 않고 직접적인 표현을 한다. 에둘러 얘기하면 그 자리에서 대화는 부드럽게 진행되지만, 정작 회사로 돌아가면 긍정적인 평가만 확대 해석하는 경우가 종종 있다. 쿠션언어 없는 대화에서 어떤 사람들은 상처를 받기도 하지만 진심을 알거나 경청하려는 생각을 갖고 있는 사람들은 오히려 고마워한다.

세 번째는 로고나 회사의 네이밍을 통해 브랜딩하는 것이 얼마나 중요한 것인지 설명한다. 브랜드는 업체를 대변하는 얼굴이자 신뢰이며 커뮤니케이션이다. 사람의 첫 인상이 중요하듯, 처음 보는 브랜드지만 디자인의 완성도나 표현을 보고 회사와 제품의 수준을 판단한다. 사업을 하면서 제품과 서비스만 좋으면 되겠지 하며 간과하기 쉬운 브랜딩을 다시 한번 짚어준다.

I ♥ Hongqiao

홍교지역 외국인 생활가이드 표지 일러스트

상해시공안국민항분국(上海市公安局闵行分局) · 상해한국상회(한국인회) 발행

수많은 제품과 서비스 홍수 속에서 소비자는 브랜드를 보고 제품을 선택하게 된다. 소비자는 모든 브랜드를 경험하기도 어렵고 제품이나 서비스 품질을 판단할 수도 없다. 브랜드는 제품과 서비스 출처를 확인하는 수단이 되고, 신뢰도를 판단하는 잣대가 된다. 디자인을 어떻게 하느냐에 따라 기업이 완전히 달라 보이기도 한다. 이것이 '브랜드 파워'의 중요성이다. 브랜드는 선택하게 만드는 힘이 있다. 선택을 받는다는 것은 결국 생존과 직결된다. 브랜드 힘이 약하다는 것의 결과는 굳이 설명할 필요 없을 것이다. 그것은 개인에게도, 기업에도 동일하게 적용된다.

브랜드가 생존하기 위해서는 그것이 무엇을 상징하고 있는가를 고객들이 인식해야만 한다. _하워드 슐츠 (Howard Schultz) 스타벅스 회장

'그릴 수 있어야 기업'의 의미

디자인이 빠진 경영은 실패다. 왜냐하면 아무리 좋은 아이템과 아무리 좋은 기술을 가지고 있어도 밖으로 보여지지 않는다면 그것은 아무것도 아닌 것이다. 고객이 알아주지 않는다면 역시 아무것도 아니다. 회사가 가지고 있는 좋은 아이디어들이 다른 고객들(소비자) 입장에서 보여지도록 하는 것은 정말 중요하기 때문에 디자인 경영, 디자인 마케팅이 중요하다.

"마케팅이란 무엇인가?"라고 묻는다면 "고객이 원하는 것을 고객이 원하는 방식으로 알려주는 것"이라고 답하고 싶다. 많은 사람들이 '마케팅'

"더 진한 향기를 날리기 위하여"

정원 한구석에 홀로 피어
아름다움을 뽐내던 장미에게
나비가 묻습니다. "외롭지 않니?"
"아니… 응 조금 외로워."
그런데도 왜 다른 꽃들과 함께 있지 않니?"
"나도 몰라 난 태어날 때부터 혼자였어.
나도 친구가 갖고 싶어.
하지만 누가 날 옮겨주기 전에는
내 힘으로는 도저히 갈 수가 없어."
"그랬었구나, 그래 그렇다면 우리가
널 좀 도와줄께." 나비가 그 얘기를
마치자 마자 갑자기 수 많은 나비들이
날아와 꽃을 에워쌉니다.
정원을 가꾸던 정원사의 눈에 그 광경이
목격됩니다. 정원사는 신기해하며
그리고 바삐 다가갑니다.
"이런 가엾게도… 이렇게 예쁜것이…
이 곳에 혼자 묻혀 있었구나. 내가 널 미처 발견하지 못했구나.
미안하다. 이제 네 친구들 곁으로 널 옮겨주겠다.
거기서 친구들과 함께 진한 향기를 피우도록 해라."

글 김은우 작가 / **일러스트** 표병선

하면 우리가 가지고 있는 상품을 어떻게 하면 누군가에게 "잘 팔리도록, 사고 싶도록 만들 것인가."라고 생각하지만 반대로 "고객이 원하는 것을 고객이 원하는 방식으로 만들어내는 것"이 마케팅인 것이다. 결국은 고객 입장에서 어떤 생각을 하고 있는지를 비주얼화해서 밖으로 꺼내야 하는 것이다. 그런데 그 일은 경영자들은 죽었다 깨어나도 할 수 없다. 그래서 상상력과 창작력을 갖춘 디자이너, 마케터들이 투입돼야 한다.

특히 디자인하는 마케터, 마케팅하는 디자이너가 빛을 발하게 순간이 있다. 경영자가 사업에 대한 아이디어를 얘기했을 때, 그것을 그림으로 보여주는 것! 그 그림 한 장을 받아 들고 희열감을 느끼는 경영자들을 만나게 된다. 전류가 흐르듯 짜릿한 만족감, 행복감, 그 이상의 느낌을 받는 순간이다.

블루아이 배양희 대표의 코리아부동산 시절에 '푸른이야기'라는 제목으로 광고 연재를 했던 적이 있다. "배 대표님이 힘들었던 이야기를 써보세요."라고 했더니 자신이 지나온 세월 동안 겪은 일들과 감정들을 글로 써서 보내왔다. 눈물을 삼키며 꾸역꾸역 글로 써내려 갔다고 훗날 얘기했다. 자신이 쓴 글이 그림 한 장으로 돌아왔을 때 그것은 시각적으로 마음에 깊이 박혔고, 결국에는 치유가 됐다고 고백해왔다.

누군가를 위해 먼저 다가서는것 사랑입니다.

경영자가 자신의 생각과 아이디어를 한 장의 그림으로 본다는 것

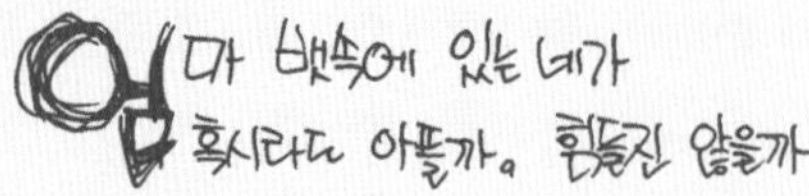

엄마 뱃속에 있는 네가
혹시라도 아플까, 힘들진 않을까

늘 조바심이 난단다.
그런데 어쩌면
지금이 가장 안전하고 편안한 때일지도 모르겠구나.
무너진 학교 속에 함께 묻혀버린 어린 생명들을 보며
네가 헤쳐나가야 할 여정은
이제 시작에 불과하다는 걸 알게 됐으니까.

태어나기도 쉽지 않지만
제 목숨 다 할 때까지 살아간다는 게
정말 쉽지 않은 일임을 새삼 깨닫고 있단다.
거리를 걷고있는 수많은 사람들도 달라 보이더구나.
그들 하나하나가 모두 소중한 생명
아니겠니 너처럼,
엄마의 뱃속에서부터 사랑을 한아름 받고 태어난,
그리고 지금까지 제 삶을 잘 지켜온.

존재(存在)할 때는 무심하다가
부재(不在) 해서야 후회하는 일이 없도록
내 곁에 무사히 있어주어 고마운 이들에게
말해주고 싶구나.

"당신은 존재만으로도
충분히 아름답고 고귀하다고."

마음을 나눠준다면, 세상은 더 행복할 겁니다.

글 안지위 / **일러스트** 표병선

은 경영에서 매우 중요하다고 생각한다. 한 발 더 나아가 경영자가 직접 자신이 운영하는 기업의 미래를 그릴 수 있다면 금상첨화겠다. 그 그림은 뛰어난 그림 실력과 기술이 필요하지 않다. 기업의 방향을 그려낸다는 것 자체만으로도 이미 훌륭한 경영자라고 생각한다. '그릴 수 있는 기업'이라는 것은 단지 마케팅에만 국한된 것은 아니다. 기업의 목표와 비전과 미래를 모든 직원이 한 눈에 볼 수 있도록 그려낸다는 것은 기업 구성원 모두에게 한 방향을 향해 갈 수 있는 강력한 힘을 준다는 의미가 있다.

하지만 안타깝게도 많은 언더백 기업들은 핑크 빛 꿈을 꾸지만 구체적인 비전과 사명, 미션이 없다. 어떤 리더들은 비전도 없이 회사가 잘되기만을 바란다. 직원들과 한 방향으로 소통하기 위한 첫 번째 그림은 비전하우스를 스케치하는 것이라고 생각한다. 어떤 꿈과 비전이든 그려놓아야 그것을 수정하고 보충할 것들이 보이기 시작한다. 그리고 더 잘 그려내기 위해 필요한 것들을 찾아 빈 곳을 채워간다. 나와 기업의 꿈을 이루고 싶다면 먼저 그 꿈을 그릴 수 있어야 한다.

표아트는 오늘도 비즈니스 국가대표 선수들과 함께 뛴다.

축복의 통로가 되게 하소서,
업무를 통해 만나는 모든 직원들, 고객들과 거래처가
저로 인해 유익을 얻게 하소서.

창39:5

노마시안(NOMASIAN)_배양희 지음, 미다스북스

PART #

부록
Blueye Story

블루아이의 3단 변신

디자인적 사고가 낳은 '블루아이'

치유의 광고; 푸른이야기

'연합'으로 폭풍 성장한 '그 기업'

The Company that can Draw a Vision

1999
처음에 왜 이 일을 시작했어?
내가 어린시절 그 힘든 길을 걸을수 있었던건 당신의 커다란 마음이 비바람을 막아 주었기 때문입니다.
10
내가 매일매일 커져가는건~ 당신의 비바람을 막아주고 싶어서입니다!
당신이 힘이들때 제가 거기에 서 있을께요.

#1

블루아이의 3단 변신

나는 단지 해변에서 놀고 있는 소년과 같다.
때로 자갈이나 예쁜 조개껍질을 발견하고는 즐거워하는 소년이다.
그러나 거대한 진실의 바다는 내 앞에 아직
발견되지 않은 채 펼쳐져 있다. _아이작 뉴턴(Isaac Newton)

디자이너로, 마케터로 17년 중국 도전

긴 시간의 경험과 체득된 철학을 토대로 수많은 프로젝트를 진행해왔다. 기업마다 특별함이 표현되도록 만들었던 모든 이야기들은 내 인생의 마일리지로 쌓였다. 하지만 늘 단편에 그칠 수밖에 없었던 아쉬움이 있었다. 지속 가능한 것을 꿈꾸는 모든 이들처럼 갈증을 완전히 해소해주지는 못했던 것 같다.

"계절의 변화를 아는 나이"

"계절의 변화를 아는 나이"
살랑살랑 바람이 붑니다.
여름내 머금고 있던 습기를 쏟아내
한결 가벼워진 바람입니다.

이글거리는 아스팔트에 껌딱지처럼 붙어
절대로 떨어질 것 같지 않던 무더위도
슬금슬금 뒷걸음질 치고 있습니다.

새로 왔다며 신고식을 하는 것도,
떠나간다는 이별의식을 한 것도 아니건만
철이든 사람은 알 수 있습니다.
묵음과도 같은 이 변화를.

'철이든다'는 말은 본래
'계절의 변화를 아는 나이가 됐다'는
뜻이라고 합니다.

글 안지위 / **일러스트** 표병선

"한 기업의 시작부터 성장까지, 그 시간을 내가 함께할 수는 없을까?"를 고민했다. 마음속에 늘 품고 있었지만 풀지 못한 과제와 같았다. 한 기업을 처음 만나는 순간, 그 기업과 끝까지 함께할 수 있을 것이라는 생각을 할 수는 없다. 중국에 잠시 머물다 가겠다는 생각이 어느덧 17년이 된 나의 행보와 유사하다.

이런 고민이 정점에 달했을 무렵, 당시의 '코리아부동산', 지금의 '블루아이'를 만났다. 서로를 인정해주는 기업문화, 유연한 사고의 리더를 만났다. 처음에는 그 기업을 돕고 싶은 마음과 나의 오랜 숙제를 풀 기회라는 생각이 반반이었다. 시간이 지날수록 내가 가진 것을 내어주고 싶은 마음이 커졌다. 그렇게 '블루아이와 동행이 시작됐고, 지금까지 지속되고 있다. 조금이라도 더 얻으려는 마음이 먼저였다면 관계는 이미 오래전에 멈추고 말았을지도 모를 일이다. 내가 더 많은 희생과 사랑을 준다고 생각하지만 상대도 똑같은 생각을 할 수 있다. 그 마음은 한쪽에서만 유효한 것이 아니라는 전제가 되어야 했다. 비즈니스로 맺어진 관계이기 때문에 프로젝트는 언제 어디서든 중단될 수 있었다.

하지만, 기업의 목표와 비전을 그릴 수 있는 '블루아이'는 그들이 그리는 대로 그려졌다. 그들의 성장을 지켜보고, 함께하는 순간순간이 행복했다. 어느 순간 돌아보니 내가 블루아이를 돕고 있는 것이 아니라 블루아이가 나를 성장시키고 있었다. 이심전심, 블루아이도 같은 생각이었다. "블루아이에 표아트가 없으면 블루아이가 아니죠." 리더의 이 한 마디가 대변해준다.

이상적 국가는 만들지 못하더라도 이상적인 기업의 모델을 만들고 싶

포동(浦东) 코리아부동산 2004

포서(古北) 코리아부동산 2010

블루아이, 캄보디아총영사관에 10만元 상당 방역물품 기부_상하이센터 2021

었다. 그 마음을 그릴 수 있도록 '그 기업' 블루아이가 나에게 하얀 캔버스를 내준 것이다. "우리회사도 '그릴 수 있는 기업'이 될 수 있나요?"라고 묻는다면, 모두가 아는 답을 할 것이다. "누구나 '그 기업'이 될 수 있지만, 아무나 '그 기업'이 될 수는 없습니다."

블루아이의 3단 변신

'블루아이'의 전신은 '코리아부동산'이다. 상하이 변방의 작은 부동산회사가 아시아로 향하는 블루아이라는 기업으로 변신한 것이 놀랍다. 그들의 변신은 단번에 이뤄진 것은 아니다. 코리아부동산이 블루아이로 성장하는 데는 크게 세 번의 변곡점이 있었다. 블루아이의 성장 과정은 밑그림을 그리고, 세밀화하고, 색칠하는 3단계로 얘기할 수 있다. 그 과정을 거치면서 블루아이의 목표와 비전은 더욱 뚜렷해졌다.

1단계 큰 그림 · 밑그림 그리기

"황푸강 건너 새로운 시장으로"

블루아이의 전신 '코리아부동산'은 상하이 황푸강의 동쪽 포동(浦东) 지역만 전문으로 하겠다는 생각으로 10년간 운영해왔다. 2010년 황푸강을 건너 한인 부동산 업체들의 격전지인 포서(浦西)로 이전했다. 포서로 가면 다양한 고객 수요에 맞춰 상품을 제공할 수 있을 것 같았다.

당시 코리아부동산은 포동 지역만 해도 고객들은 이미 넘쳤다. 그들이 잘 아는 곳, 잘 하는 환경, 잘할 수 있는 익숙한 환경에서 벗어난다는 것

블루아이 CEO
배양희

아시아로 대표
정윤성

서울 자산컨설턴트
이진아

서울 자산컨설턴트
김영미

상하이 자산컨설턴트
김미성

상하이 자산컨설턴트
정미란

서울 지사장
성주현

캄보디아 지사장
박성우

말레이시아 지사장
추경철

싱가포르 지사장
제임스 위

베트남(하노이) 지사장
양소연

베트남(호치민) 지사장
박진수

서울센터 영등포구 선유로 130 에이스 시티 3차 310호 대표전화 **1661-8507** I **상하이센터** 上海市闵行区虹莘路3988号(디존호텔 408호) 대표전화 **186 1694 0029**

"약속을 지켜가는 사람들" 블루아이 광고

은 용기가 필요한 일이다. 황푸강을 건너는 데는 강한 용기가 필요했다. 실제 강을 건너 보니 포동에 거주한 고객들이 포서 지역 상품도 필요로 한다는 것을 알게 됐다고 한다.

배양희 대표는 "어느 곳으로 발걸음을 옮겼을 때 그 안에 새로운 시각이 열리고 새로운 시장이 생기는 것을 수차례 경험했다"며 당시 상황을 회상하기도 했다. 실제 새로운 시장이 열렸다. 황푸강을 건너기 전에는 포동에 있는 교민들이 유일한 고객층이었다면 지금은 포동과 포서를 아우르는 상하이 교민 전체로 고객층이 넓혀졌다. 진정한 중국 대표 한국 부동산 '코리아부동산'이 될 수 있었다. 그렇게 강 건너 새로운 시장에서 큰 그림을 그리기 시작했다.

2단계 목표를 세밀화 하기

"유니폼입고, 브랜드 마케팅 시작"

2단계 변신은 1단계와 연결된다. 포동에서 포서로 이전한 후 가장 먼저 상하이저널을 찾아왔다. 나와 배대표는 서로 친분은 없었지만, 상하이저널 디자인센터장으로 일하고 있으니 혹시 예쁜 명함을 만들 수 있지 않을까 하는 기대감을 갖고 찾아왔다는 것. 배 대표는 이 만남이 자신의 시각을 크게 열어준 계기가 됐다고 고백한다. 부동산 광고 상담은 대부분 기계적이었는데 뭔가 달랐다는 것이다.

이후 코리아부동산의 새로운 브랜딩이 신문광고를 시작으로 본격화됐다. 리더의 열정과 회사의 철학을 광고에 담았다. 코리아부동산이 가고자 하는 방향을 마케팅으로 풀어냈다. 포서의 새로운 시장 개척에 도전

New Thoughts Looking at the World
세상을 바라보는 새로운 생각...

싱가포르 센토사섬(Singapore Sentosa island, Merlion statue) 워크샵

하려는 코리아부동산에 힘을 싣고 싶었다.

리더의 경영 철학, 코리아부동산의 목표를 담아 새로운 로고를 만들었다. 로고를 만드는 일은 그저 세련되고 예쁜 그래픽 작업이 아니다. 리더의 생각을 듣는 과정이 필요했다. 이 과정에서 배 대표는 스스로를 성찰하게 됐다고 할 정도로 자신의 생각을 털어놓았고 그 생각을 로고에 담았다. 그렇게 탄생한 로고에 코리아부동산 직원들은 로고에 담긴 회사의 목표와 리더의 생각에 맞는 사업을 하려고 노력하는 모습을 보였다. 로고 하나에 진심을 다하는 회사가 생소했다. 동시에 디자이너로서 해본 행복한 경험이었다.

디자인센터장과 클라이언트와의 관계는 대표와 브랜드 마케팅 기획자 관계로 바뀌었다. 코리아부동산 직원들은 "예전에는 우리가 자율복을 입은 초등학생이었다면 표아트가 회사에 본격적으로 합류하면서 교복을 입는 중고등학생으로 성장하게 됐다"고 얘기하기도 한다. 배 대표는 회사의 3단 변신 과정 중 2단계가 회사에 가장 큰 변화를 가져왔고, 가장 중요한 변곡점이었다고 한다.

이후 코리아부동산의 브랜드 마케팅은 일사불란하게 진행됐다. 또 회사의 생각이 미치지 못했던 분야까지 아이디어를 제시했다. 머릿속으로 구상하고 그렸던 밑그림 위에 목표가 선명해지면서 서서히 형체를 갖춘 세밀화 작업이 시작된 것이다.

3단계 기업의 비전을 색으로 칠하기

"아시아 부동산시장으로 고개 돌리기"

서안(西安) 꿈드림 프로젝트 성공신화를 만들다.

마지막 3단계 과정은 해외부동산 시장으로 진출한 시점이다. '코리아부동산'이 '블루아이'로 최종 변신하게 된 단계기도 하다. 블루아이는 세밀하게 그려놓은 캔버스 위에 기업의 비전을 담아 색을 덧칠해가며 그림을 완성해간다.

이때 코리아부동산은 중국 상하이만을 타깃으로 하다가 중국 서부내륙지역인 시안(西安)으로 눈을 돌렸다. 회사 내부적으로 준비가 덜 된 상태에서 고객들이 급격히 늘었다. 완벽하게 세팅되지 않은 상황이었기 때문에 어려움을 겪는 것은 어쩌면 당연했다.

"나는 능력이 없는 사람인가?" 당시 배 대표는 이런 생각을 수없이 했다고 한다. 힘들었던 시안의 경험은 이후 해외부동산 진행과정에서 방향을 알려주는 중요한 나침반이 돼주었다. 그리고 다른 지역에 투자를 유치할 때는 좀 더 신중하게 좀 더 잘 해야겠다는 각오가 생겼다.

그렇게 다져진 각오와 좋은 기회가 만나 해외부동산 시장에 진출하게 됐다. 회사는 해외부동산 사업을 진행하는 과정에서 큰 가치를 깨치게 됐다. 돈을 버는 것이 부동산 사업의 전부라고 믿어왔는데, 해외부동산을 하면서부터는 삶의 질을 높이는 풍요로운 아시안 라이프를 즐기는 것이 결국 우리에게 가장 가치 있는 일이라는 깨달음이 생긴 것이다. 해외부동산 진출은 돈이 전부가 아닌 우리 삶을 누리고 향유하는 것들이 얼마나 중요한지 그 가치를 깨닫게 해준 중요한 계기였다. 이 과정을 겪으면서 블루아이는 기업의 가치와 비전을 세우게 된다.

코리아부동산에서 블루아이로 리브랜딩 했을 때, 진정한 해외부동산의 누림과 삶의 가치들이 블루아이라는 이름으로 마침표를 찍게 했다.

Blueye Shanghai 에코백 디자인

Son Cam 핸드폰 & 아이패드 거치대

Shanghai Center 광천수 디자인

"블루아이는 꿈을 짓는 회사입니다"

Pyo.art directer

8온스 종이컵 디자인

이 과정에서 서울센터도 열게 되고, 상하이센터도 오픈하게 됐다. 3단계 색칠하기는 블루아이의 방향과 비전을 잘 녹여낸 마지막 완성단계라고 할 수 있다. 현재의 블루아이는 3단 변신을 거쳐 아름다운 그림, 멋진 기업을 그려냈다. 큰 그림을 그리고, 목표를 선명하게 하고, 방향과 비전을 세운 블루아이, 그들의 변신은 현재진행형이다. 변신 로봇을 조립하며 흥분하는 아이처럼 4단, 5단 변신을 거듭할 블루아이를 상상하면 가슴이 벅차 오른다.

3인 3색 '블루아이' 성장 비결

디자이너로, 기획자로 기업이 성장하는 과정에 함께하는 것은 소중한 경험이고 큰 보람이다. 또 협력자가 되어 기업이 올바른 방향으로 한걸음 한걸음 나아가는 모습을 지켜보는 것 자체만으로도 기쁨이 아닐 수 없다.

"천재는 노력하는 자를 이길 수 없고, 노력하는 자는 즐기는 자를 이길 수 없다."라는 말은 같은 천재라면 좀 더 노력하는 자가 이긴다는 것일 테고, 비슷한 노력을 했던 경우라면 자신이 좋아하고 잘 할 수 있는 일을 한 사람이 이긴다는 의미다.

가족에게는 멋진 아빠로, 회사에서는 인정받는 직장인으로, 존경 받는 사장으로, 여기에 여가시간도 즐기면서 성공에 가닿을 수 있는 사람이 몇이나 될까. 크게 성공한 기업인뿐 아니라 우리 주변 가까이에서 볼 수 있는 각 분야의 전문가나 성공한 분들을 보면, 자신만의 엄청난 열정과

에너지로 끊임없이 노력한 결과라고밖에 표현이 안 된다.

열정과 노력에도 불구하고 일반 부동산 회사를 '기업'이라고 표현하는 일은 드물다. 부동산 회사는 소수 몇 명의 영업 직원을 두고 하는 경우가 대부분이기 때문에 단순 중개업을 하는 '복덕방'으로 평가절하되기도 한다. 코리아부동산도 그 길을 걸어왔다. 그렇다면 푸동의 작은 부동산회사가 블루아이라는 기업으로 성장할 수 있었던 비결은 무엇이었을까.

前 한국뉴욕주립대학교 김종수 부총장은 이렇게 이야기한다.

"나는 2004년부터 3년여 동안 상하이에서 근무한 적이 있다. 1990년대부터 시작한 중국의 경제 발전이 본격적으로 가속화하고 있을 때였고, 그때 나는 세계 역사의 커다란 터닝 포인트를 지켜본 증인이었다. 산업혁명으로 세계의 축이 미국과 유럽으로 기울어진 이후 150여 년 만에 다시 세계의 맹주로 등장한 중국의 미래를 보았다. 지금의 블루아이, 당시 코리아부동산 배양희 대표를 처음 만난 것도 그때다.

블루아이는 그때부터 지금까지 세계의 축을 따라 이동하는 것이 아니고, 이동하는 축을 선도하는 도선사(Ship Pilot) 같은 역할을 해오고 있다. 중국에서는 상하이와 선전에서 시작해 서부 내륙을 개척했고, 동남아시아에까지 영역을 넓힌 지는 오래다. 가는 데마다 좋은 인재들을 발굴하고 양성해 영토를 넓히는 일에 '아시아의 유목민(Nomad in Asia)' 배양희 대표와 블루아이 그룹이 있다."

가인지캠퍼스 김경민 대표 블루아이와 배양희 대표에 대해 "중국과 아

“도울 수 있는 기회가 생겨 감사하다”

코리아부동산 개별 입국 교민에 구호격리품 지원

구호격리품을 준비한 코리아부동산 임직원들

15개 구호격리품(1인당 280위안 상당)

물품을 받은 교민이 올린 인증사진

상해한국상회(한국인회) 6차 전세기 운항이 보류되면서 개별 항공으로 입국하는 교민들이 늘고 있다. 지난 17일 춘추항공으로 입국한 교민 15명이 격리 중인 호텔에 구호물품이 전달돼 감동을 주고 있다. 부득이하게 개별적으로 입국해 구호격리품에 대한 기대가 없었던 교민들은 감동이 두 배가 된 것.

구호격리품 전달 주인공은 ‘코리아부동산’ 직원들이다. 코리아부동산은 창닝, 쉬후이, 징안, 칭푸 등 곳곳에 분포돼 있는 교민 15명의 격리 호텔을 직접 방문했다. 양 손에 김, 고추장, 김치, 깻잎 등 밑반찬을 비롯 컵라면, 커피, 과자, 빵 등 음식과 일회용품이 담긴 종이가방을 들고 일일이 찾아 다녔다.

구호격리품을 전달한 코리아부동산 직원들은 “개별적으로 입국한 분들은 전세기 입국자와 달리 중국식 음식에 소통도 안돼서 고생을 많이 했다는 얘기를 전해 들었다. 처음에는 개별 입국자들을 주변에 수소문해서 찾기 시작했는데 파악이 힘들었다. 다행히 한국상회에서 이번 주 춘추항공으로 온 교민 분들 단톡방에 저희를 초대해 주셔서 도움을 드릴 수 있었다”고 밝혔다. 1인당 280위안 상당의 구호물품 외에도 IPTV가 필요한 교민에게는 2주간 빌려주기도 했다. 또 코리아부동산 임직원들은 “격리 기간 고생하는 교민 분들께 조금이나마 힘을 보태고자 마음을 전한다. 무사히 격리를 마치실 때까지 건강하시길 응원한다”는 내용의 격려편지도 함께 넣었다.

직접 각 지역 격리 호텔에 물품 전달

코리아부동산 임직원의 '응원편지'

춘추항공 입국자 방의 한 교민은 “고마워서 눈물이 난다. 직접 전달해주느라 고생하셨다. 애써주는 여러분 덕에 한국인임이 너무 자랑스럽다. 외국인 남편에게 이것이 한국 사람이라고 말하면서 으쓱했다”고 감사 글을 남기기도 했다. 또 받은 구호품을 객실에 진열해 직접 인증 사진을 올리며 깜짝 구호품의 감동을 함께 나눴다.

코리아부동산 배양희 대표는 “한국상회에서 마스크 나눠주고 전세기 띄울 때 정말 감동이었다. 한국인의 단합이 제대로 보여졌고 헌신했던 분들에게 정말 감사함을 느꼈는데 당시 한국에 머물고 있어서 적극적으로 도와드리지 못해서 늘 미안한 마음이었다. 이번에 전세기 중단으로 구호품 혜택을 받지 못한 분들을 도울 기회가 생겨 정말 감사하다. 격리물품 받은 분들이 기뻐하는 모습을 보니 오히려 제가 더 감동받았다”고 밝히고 “누군가 앞에서 좋은 모습을 보이니 따라 할 수 있는 용기가 생겼다”고 덧붙이며 그간 교민들을 위해 애써준 한국상회에 다시 한번 감사를 전했다.

상해한국상회는 11월 21일로 예정된 전세기 운항이 보류된 이후에도 개별 항공으로 입국하는 교민들을 위챗 단톡방에서 지속적으로 안내, 지원하고 있다.

고수미 기자

시아를 중심으로 전 세계 비즈니스맨들을 만나서 그들의 삶을 돕는 일을 해왔다. 특히 중국과 아시아를 거점으로 아시아인들의 새로운 라이프스타일을 제안하고 있다. 또한 기업을 운영하는 경영자로서 단순히 사업의 수준을 넘은 경영의 레벨에서 직원과 고객들로부터 꾸준히 사랑 받는 일을 해오고 있다"고 말한다.

㈜아시아로 정운성 대표 "블루아이는 0.5억 한국에서 15억 중국을 넘어, 45억 아시아는 물론 78억 세계를 대상으로 비즈니스를 하는 750만 명의 해외 디아스포라(Diaspora)에게 꿈과 비전을 심어주고 있는 기업"이라고 표현하며 블루아이의 성장 비결을 대신한다.

[일문일답] 배양희 블루아이 대표
블루아이의 꿈은?

블루아이가 그린 꿈, 비전, 사명, 미션은 풍성한 아시안 라이프를 선도하는 것입니다. 쉽게 말하면 교민들이 아시안 라이프 스타일을 누리면서 살아가는 것이죠. 중국을 중심으로 해외 블루아이 지사들을 통해 돈을 버는 것만이 중요한 것이 아니라는 얘기를 하고 싶습니다. 어떻게 보면 이것이 블루아이의 가장 큰 목적이 아닌가 싶어요.

돈을 벌어서 하려는 것은 결국 무엇일까요? 라이프를 잘 즐기기 위해서가 아닐까요. 그리고 라이프를 잘 즐긴다는 것은 아이들 교육도 포함

되고, 돈이 있어서 그것을 풍성하게 누릴 수 있으니까 자산을 증식해야 하고, 그리고 그것을 통해 우리의 시각을 넓혀나가면서 이 나라 저 나라 다니면서 최신 트렌드에 따라서 삶을 살아가는 것들입니다. 그 안에서 우리가 어떻게 현명하게 살아가야 되는지를 블루아이가 하고 있는 일을 통해서 전달하고 만들어가는 것이 꿈입니다.

그 실행을 위해 필요한 것은?

우리 직원들이 그런 누림을 먼저 느껴봐야 된다고 생각합니다. 제가 그런 삶을 살아야 우리 직원들도 그런 삶을 사는 것이고, 그런 삶을 살았을 때 고객들도 그런 삶과 꿈을 꿀 수 있는 것이죠. 이미 많은 것들이 완성된 것 같아요. 중국으로 이주해서 살았던 것, 아이들 교육에 도움이 컸던 것, 그리고 지금 자산을 잘 만들어가고 있는 것들이 현재진행형이기 때문에 좋은 것 같아요. 조금 더 실행에 필요한 것이 있다면 지금까지 해온 것들에 만족하는 것이 아니라 앞으로도 그런 누림들을 이어나갈 수 있도록 저부터 먼저 실행해보고 제가 그런 삶을 살아보는 것이죠. 그리고 우리 아이들이 그런 삶을 살아보는 것이고, 고객들이 그런 삶을 살아보도록 하는 것이 가장 필요한 것이라고 생각합니다.

언더백 기업들의 대표가 자주하는 표현이 있습니다. "잘 되면 저도 잘 해주고 싶어요." 그렇다. '잘 되면'이라는 전제가 필요했다. 당연히 비즈니스가 잘 돼야 나눌 수 있지만 주는 사람과 받는 사람이 느끼는 편차가

우리는 풀잎같이_44번째 푸른이야기

적을수록 좋은 회사라고 말합니다. 그것은 보상이 될 수도 있고 업무환경개선, 회사와 개인의 성장, 가족 같은 유대관계, 자유로운 소통 등 다양한 것으로 충족됩니다.

블루아이는 모두에 의한 경영을 그려가고 있습니다. 직원의 입장에서도 '자신이 팀과 조직에 참여하고 운영한다'는 경영자 마인드를 지니고 행동하고 성장하도록 하는 프로젝트가 진행되고 있죠. 저마다 가지고 있는 재능과 능력이 다르기에 교육을 통해 더욱 성장할 수 있도록 돕는 '교육회사'이기도 합니다. 어느 중견기업의 대표는 4년 전 '블루아이는 교육회사입니다.'라는 말에 어이없다는 투로 말하기도 했습니다. 물론 지금은 이의를 달지 못할 만큼 성장한 기업이 됐죠.

모든 영역에서 내가, 조직이, 회사가, 어떻게 그릴 것이냐에 따라 그 시작도 결과도 달라진다. 그러하기에 좋은 생각을 언제든지 그려내고 소통할 수 있는 캔버스를 준비했으면 좋겠다.

표 꿈을 위해 준비한다면 기회는 언제나 내 것입니다. 변신생각.인너.

행복한 회사는 어떤 것일까 생각해봅니다_21번째 푸른이야기

#2

디자인적 사고가 낳은 '블루아이'

나는 10번 시도하면 9번 실패했다.
그래서 10번씩 시도했다.

조지 버나드 쇼

차이나 드림을 꿈꾸며 이곳을 선택했다

한때는 한국인이라는 이유만으로도 중국에서 환영 받았다. 비즈니스에도 한류가 통했던 시절이다. 2021년 현재, 중국과 한국의 경제적 격차는 사라졌다. 그 영향력은 역전된 지 오래다. 여러 산업군에서 중국이 성큼 앞서기도 했다. 이제 현지 중국인들과 경쟁해야 하는 모든 면에서 불리한 조건을 가진 외국인 입장에 놓였다. 특히 상하이 비즈니스 현장은

코리아부동산 푸른이야기 여섯번째

이번 부동산 정책은
과거와 무엇이 다를까요?

한마디로 말하자면
모든 계층(내 집 마련, 주거환경
개선, 투자)의 투자 심리를
자극하며

모든 주택(보통주택 및
비보통주택)에서 세금 감면
혜택이 있다는 점입니다.

중국코리아부동산 캐릭터 '또기'의 푸른이야기 웹툰

그야말로 살아남기 위한 전쟁터다. 디자이너가 상상하고 그렸던 차이나드림이 한 업체를 투사하면서 어떤 변화를 일으켰는지, 그 변화가 성공으로 가는 길에 어떤 동력으로 작용했는지 이야기를 나누려고 한다.

블루아이 브랜딩으로 시작해 블루캠퍼스까지

블루아이 배양희 대표는 블루아이 탄생 스토리를 이렇게 얘기한다.

"중국 코리아부동산의 주업무는 부동산 컨실팅이다. 그런데 시간이 지나면서 들여다보니 학원 교육, 입시 상담, 여행, 이사, 경영컨설팅 등 해외 생활에 필요한 모든 것을 다 하고 있는 회사가 돼 있었다. '부동산 회사'라는 이름에 그 역량을 다 담기에는 부족했다. 브랜딩을 새로 하자는 의견이 모아졌다. 표아트가 '블루아이'를 탄생시켰다. '아이 eye'는 세계관, 세상을 바라보는 새로운 시각을 뜻한다. 블루오션을 바라보는 눈이다. 지금 블루오션은 아시아다. 아시아를 바라보는 시각, 일종의 트렌드인 것이다. '블루아이' 브랜딩으로 시작해 '블루캠퍼스(손안에캠퍼스)'까지 오게 된 것 역시 디자인적 사고의 힘이다.

처음 표아트에게 디자인 컨설팅을 했을 때, 회사의 미션과 비전이 작은 기호, 도형 안에 모두 담긴다는 것이 인상적이었다. 표아트는 로고를 만드는 것에 그치지 않았다. 그 회사의 철학에 끊임없이 관심을 가졌다. 때론 디자인 하나로 위로와 치유의 능력까지 보여주기도 했다. 그렇게 만난 표아트는 디자인 컨설팅 이상의 파트너로서도 손색이 없다고 생각했다. 표아트는 디자인 씽킹이 일상화돼 있었다. 디자인 씽킹을 하는 사

Blueye Group Organizational

I 부동산사업부
Real Estate Business

- 블루 Asset
- 블루 코리아부동산
- 블루 코리아홀딩스
  시장개발팀

I 여행사업부
Travel Business

- 블루로드 Blue Road
- 블루드림 Blue Dream

I 아시아로사업부
Asiaro Business

- 블루 아시아로 캠퍼스
- 블루 해외사업부
  서울, 베트남
  캄보디아, 말레이시아
- 블루 랜드
  인테리어 및 시행

I 미디어사업부
Media Business

- 블루 아시아채널
- 블루 소셜미디어
- 블루 아시아로 TV

I 경영지원부
Management Support

- 블루 콤파스 Blue Compass
- 블루 라이트 Blue Light

I 유통사업부
Distribution Business

- 블루 페어마켓 Pear Market
- 블루 쉽푸드 Blue Ship Food
- 블루 크라우드 Blue Cloud 편집샵

I 교육사업부
Education Business

- 블루 에듀 해외 특례입학 자녀
- 블루 스타 다문화 가정 자녀
- 블루 브릭 아시아 학교설립 추진

Pyo.art director

블루아이(Blueye)그룹 조직도

람과 실행하는 집단이 만나서 이 세상에 없는 새로운 모습을 만들어가고 있다."

아사아에서의 꾸는 새로운 꿈

블루아이는 감사를 나누고 격려하는 따뜻한 문화를 가졌다. 한국에서 부동산 회사의 이미지는 부정적이다. 특히 개인 부동산의 경우는 매물이 좋지 않은 경우에도 판매를 종용하기도 하고, 규모가 있는 프로젝트는 관련된 업체들이 많고 시행이 안 될 경우도 많아 의도와는 다르게 나쁜 업체로 평가되는 등 자연스레 신뢰가 떨어지는 이유가 되기도 한다.

국내부동산이 그러하니 해외부동산은 두말할 나위가 없다. 각 나라의 파트너 회사와 진행하다 보니 안정성과 사후관리가 취약해 예상 밖의 문제들이 발생한다. 그렇다면 신뢰도가 검증된 회사를 어떻게 분별할 수 있을까. 회사를 미슐랭 레스토랑처럼 별점으로 표기하면 좋겠지만 대형 부동산이 적고, 개인 부동산이 대부분이니 무의미하다.

상하이는 한국의 부동산시장에서 바라보는 것과 상당한 차이가 있다. 한 가정 1주택으로 구매가 제한돼 있고 정부가 수시로 제한 정책을 실행하고 있어 외국인으로 삶의 터전을 오래도록 지켜가기 위해 내 집 마련을 하는 경우가 더 많다. 또한 중국이 추진 중인 신(新)실크로드 전략인 일대일로(一帶一路) 정책과 맞물려 세계의 심장이 된 중국을 넘어 아시아가 하나의 라이프 스타일이 되어가고 있다.

중국과 베트남은 (사실상) 그린카드가 없다. 때문에 한 곳에 정착해야

NORTH KOREA
Seoul
서울
MONGOLIA
Beijing
북경
Qingdao
청도
KOREA
CHINA
큰산
Kunshan
Shanghai
상하이
Xian
서안
NEPAL
INDIA
MYANMAR
Hanoi
하노이
LAOS
VIETNAM
THAILAND
CAMBODIA
Phnum Penh
프놈펜
Ho Chi Minh
호치민
SRI LANKA
MALAYSIA
조호바루
Johor Baharu
싱가포르
SINGAPORE
INDONESIA

블루아이(Blueye)그룹 지사

한다는 고정관념도 없다. 이러한 삶을 살아내는 사람들, 그들을 '노마시안(NOMASIAN: 신유목민 Nomad + 아시아인 Asian)'이라고 부른다.

2021년 현재 '블루아이'는 상하이 4개 지사, 베이징, 선전, 칭다오에 지사가 있다. 또 말레이시아, 싱가포르, 캄보디아, 하노이, 호치민에 12개 지사를 두고 있다. 중국을 비롯해 아시아 지역의 부동산 자산관리, 정착 서비스, 교육, 여행, 비즈니스 등 문화콘텐츠 서비스를 제공하고 있다.

2020년 4월 7일, 블루아이(Blueye)와 함께 아시아로(ASIARO) 서울센터도 함께 오픈했다. 블루아이는 코리아부동산(2002년), 코리아홀딩스(2010)를 거쳐 새롭게 태어난 브랜드다. 19년 전 블루아이는 중국 상하이 푸동(浦东)에서 부동산 중개업으로 시작해 2009년 이후 푸서(浦西) 구베이(古北) 지점을 오픈하며 비즈니스 환경을 확대했다.

'세상을 바라보는 새로운 생각'의 새로운 세계관을 제안하는 회사로 리브랜딩했다. 미래를 이끌어갈 한국의 젊은이들에게 블루오션 지역인 아시아를 통해 ▲세상을 보는 세계관을 넓혀주고, ▲자산을 풍성하게 만들 수 있는 솔루션을 제공하고, ▲새로운 주거 문화에 따른 라이프 스타일을 제안하고, ▲그 꿈을 실행할 수 있도록 프로세스를 만들어준다.

한국은 똑똑하고 경쟁력 있는 인재들이 넘쳐나는데도 불구하고 혁신이 될만한 뚜렷한 대안이 마련돼 있지 않다. 그렇다고 한국을 벗어난 중국시장을 비롯 아시아 시장 공략이 쉽지만은 않다. 당연히 한국보다 어려움이 많이 따른다. 언어와 서로 다른 문화를 이해해야 하고, 경험해야

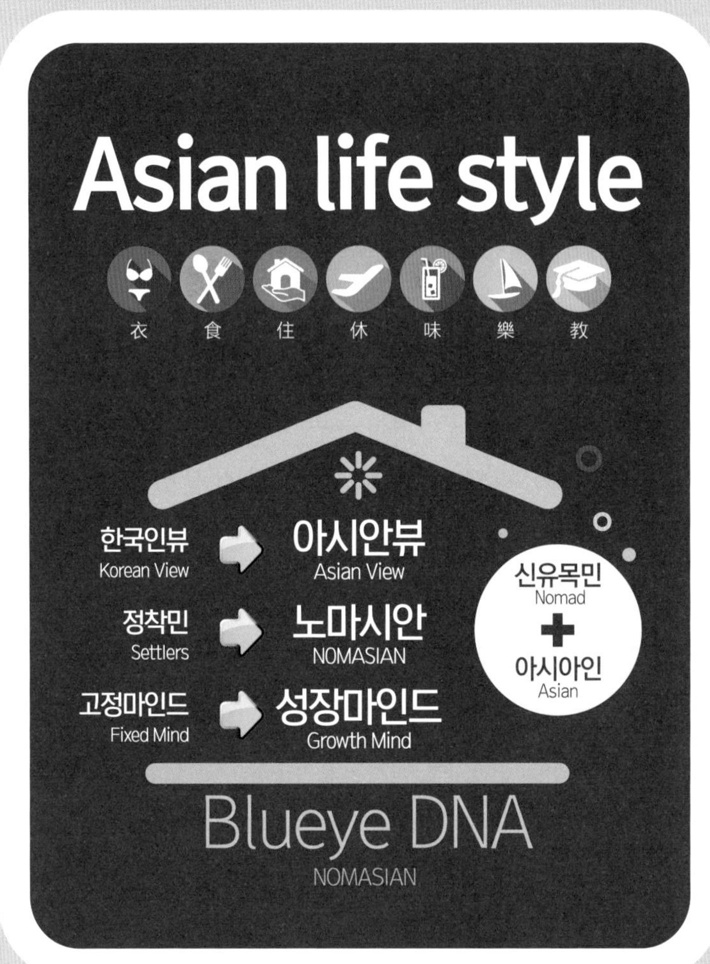

신유목민(Nomad) + 아시아인(Asian) ▸ 노마시안(NOMASIAN)

하는 시간도 반드시 필요하다. 그럼에도 이 많은 시행착오를 최소화하고 서로 잘하는 영역을 협력할 수 있다면 아시아에서 비즈니스 국가대표 경영자들은 새로운 꿈을 꾸고 가슴뛰는 도전과 미래를 선물받게 될 것이다. 블루아이는 이런 가치를 담고 있다.

아시아 뉴라이프 '의식주휴미락교'

E-LAND 그룹이 지향하는 것이 의식주휴미락(衣食住休味樂)이다. 여기에 블루아이는 교육을 포함해 7가지(衣食住休味樂敎)를 제공해주는 아시아 뉴라이프를 만들어가고 있다. 1400개의 중소기업을 컨설팅하며 다양한 경험 노하우를 축적한 '가인지경영' 김경민 대표는 블루아이를 이렇게 분석한다.

"다른 회사들이 조직적, 개인적 역량은 블루아이보다 더 내실 있게 준비돼 있을 수 있다. 하지만 블루아이에는 블루아이만의 감사를 나누고 격려하는 문화가 있다. 유연함과 동지 의식으로 함께하는 열린 마음이 감사와 격려를 자연스럽게 발현시키지 않았나 싶다."

리더가 중요한 것은 리더가 생각하면 곧 법이 되기 때문이다. 특히 블루아이의 리더는 언더백 기업들에서 자주 볼 수 있는 리더십이다. 이곳의 장점은 애자일(Agile) 문화를 수시로 적용하고 유기적으로 경쟁력을 만들어내는 데 있다. 가인지경영의 월피미(월간 피드백)를 주피미(주간 피드백), 일피미(일간 피드백)으로 더 나아가 프로젝트 진행 시 바로바

블루아이(Blueye) 상하이센터

블루아이(Blueye) 서울센터

로 하는 피드백 문화까지…. 그간 없었던 문화를 한층 더 강화시킬 수 있었던 것은 유연함에 창의성을 더한 블루아이만의 장점이다. 이러한 생각들을 가진 사람들이 일하고 있는 회사는 아직은 부족한 부분이 있더라도 채워갈 수 있는 저력이 있기 때문에 이와 닮은 언더백 기업들이 영향을 받아 성장했으면 좋겠다.

*애자일(Agile)이란 '기민한', '민첩한'이라는 뜻을 가진 형용사로, 사무 환경에서 부서간 경계를 허물고, 직급 체계를 없애 팀원 개인에게 의사 권한을 부여하는 것을 말한다. 즉, 소규모의 팀을 꾸려 구체적인 계획 없이 실행에 옮겨 외부 피드백을 계속적으로 반영하여 최종 결과를 만드는 조직의 형태를 뜻한다.

신입사원의 순회근무의 꿈, 진정한 순회경영!

블루아이 사람들은 '경영컨설팅 적용의 달인들'이라고 부르고 싶다. 그들의 '순회경영'을 칭찬하고 싶다. 서울센터와 상하이센터를 만든 것도 대단한 일이다. 캄보디아 프놈펜에도 개점이 예정되어 있다. 서울센터 신입 직원의 교육 피드백이 블루아이의 경영방식을 얘기하고 있다.

"블루아이에 입사하기 전에는 주부로서 소일거리를 찾았던 작은 시작이었다면 현재는 희끗희끗 새치 머리가 돼서도 어느 나라, 어느 도시에서 누군가에게 나의 달란트를 나눠줄 수 있을 것을 생각하니 감동이 됐다."

"고마워. 모두 네 덕분이야."

'탓'과 '덕'은 한 글자 차이인데
참 많이 다릅니다.

'네 탓이야.'라는 말대신
'내 탓이오.'라고 고백하기란 쉽지가 않습니다.
그런데,
그럼에도 불구하고,
'네 덕이야.'라고 말한다면 어떨까요.

생채기를 내기보단 치유의 손을 들어주는 겁니다.
부정보다는 긍정의 힘을 믿는 것이지요.
원망은 용서가 되고,
다시 용기가 되어 돌아오지 않을까요.

이렇게 얘기해주고픈 사람이 있습니다.
"고마워, 모두 네 덕분이야."

글 안지워 / **일러스트** 표병선

특별한 사람들을 발굴해 해외로 파견하는 기존 기업들의 방식이 아니라, 갓 입사한 신입사원도 꿈꿀 수 있도록 그 기회가 모두에게 주어져야 진정한 순회경영인 것이다. 전제는 크로스 순회교육이 되려면 자신의 실력이 뒤쳐지지 않도록 서로가 노력해야 되는 것.

월요포럼, 피드백문화, 주피미, 일피미, OKR, 한방향 메시지, '발사'부터 하고 '조준 재발사'와 가인지 경영에도 없었던 꼭소분 전략, 사랑과 성장이 푸른이야기로 재해석되고 모오방가(모시고 오던지, 방문을 가던지), 아시아로(ASIARO)라는 컨텐츠가 더해져서 더 새롭고 더 풍요로운 문화 색채를 만들어가고 있다. 부동산업무라는 경계를 벗어나 그들이 상상하는 대로 이뤄가는 기업문화는 널리 자랑하고 싶다.

흡수하는 리더, 결과는 늘 그린라이트

블루아이와 함께 마케팅컨설턴트와 표아트로 참여하면서 새롭게 도전하고 있다. 그것이 정답은 아니지만 어찌 됐든 좋은 결과를 만들려는 노력으로 "이렇게 하면 좋겠다"는 생각을 많이 적용했던 것 같다. 늘 "내 경우라면 어땠을까?"라는 생각이 기본이 돼 있다. 고객 입장만의 이야기가 아니라, 직원이 되어, 경영자가 되어 생각을 해보는 것이다. 이것은 인내심을 많이 발휘해야 가능한 시간이었다.

리더와 식사 자리를 하더라도 단체로 할 경우는 피상적인 이야기를 하다가 삼삼오오 모여 이야기하다 보면 깊은 대화에 이르지 못하고 끝나는 경우가 많다. 직원들은 이런 것에 목마름이 있을 것이다. 하고 싶은 이야

I ♥
CK™

말레이시아 조호바루 워크샵_ I♥CK 티셔츠 디자인

기도 못하고, 이야기한들 적용되지도 않기에 친밀한 기회가 마련되면 좋겠다는 생각을 했다. 그래서 대표와 함께하는 '특별한 식사'를 마련하자는 아이디어를 제안했다. 곧바로 실행됐고 결과는 다행히 그린라이트였다. 짧은 시간 비대면 ZOOM 미팅을 하면서도 사랑이 흘러야 보이듯, 블루아이 안에 녹아 있는 칭찬문화, 겸손한 태도, 순수한 마음들, 이것이 모여 블루아이만의 강력한 힘이 되고 있다.

사랑스러운 중국으로 만드는 방법

중국의 빠른 발전이 무서워 중국을 공부하며, '밤안개'라는 애칭으로 중국을 알리는 일에 앞장서고 계신 중국통(中国通) 전병서 교수는 "한국은 중국에 진출하면서 좋은 문화콘텐츠를 빼앗겼다는 생각에 머무르지 않고 이제는 성장이 지속되는 중국회사의 주식을 매입해야 한다. 그렇게 된다면 미워하는 중국이 아니라 사랑스런 중국이 되지 않을까?"라며 역설적으로 표현하고 있다.

성장판이 활짝 열려있는 블루아이가 돋보이는 것은 많은 교민들과 기업들이 차이나드림을 위해 왔다가 수업료만 내고 아쉬움을 놓아두고 돌아간 기업들 틈바구니에서 오래 버텨줬기 때문이다. 또한 블루아이는 고객인 교민들에게 상하이에서, 아시아에서 정착할 수 있는 토대를 마련하는 데 다리가 되어주었고, 경제적인 여유까지 줘 수 있는 기회를 선물한 기업이기 때문이다.

미래를 위해 홈씨드(Home Seed)를 심고 한국으로 가시는 분들도 있

상하이저널 칼럼 일러스트

다. 국가적으로도 부를 창출하는 일에 앞장서고 있으니 얼마나 중요한 역할을 하고 있는 것인가. 이랜드 그룹이 상하이에 있는 기업 중 세금을 가장 많이 내는 기업으로 교민들의 자긍심을 높여줬던 때가 있었다. 잘 나갈 때 건물을 매입해 중국에 진출하려는 기업들에게 더 안정적인 비즈니스를 환경을 만들어줬으면 어땠을까 생각해본다. 많은 걸림돌이 예상되지만 한국정부가 앞장서 중국진출 기업들의 정착에 적극 나섰다면 지금의 한인타운은 어떤 모습일까! 아쉬운 대목이다.

아시아를 향해 도전하는 비즈니스 국가대표들을 힘껏 응원한다. 우리들 한 사람 한 사람을 세상이 정해놓은 잣대로 바라보는 것이 아니라 편견없이 본래 모습 그대로 볼 수 있다면 준비된 역량을 발휘하는 기업들이 더욱 사랑 받는 날이 올 것이다.

...
사랑도 가꾸지 않으면 하루가 다르게
시들어 갑니다. 병선생각. ing

푸른 회사와 함께한 청춘

뭐가 저리 좋을까~ 매일 오는 일터인데도 밝은 모습으로 일하는 그들이 참 보기 좋습니다. 처음 2명이 시작했던 푸른회사가 지금은 30여 명의 직원으로 행복을 만들어가는 모습을 보니 가슴에 흐뭇함이 가득 찹니다. 처음 입사했을 때 아무것도 모르고 또한 너무도 시골스러워서 나중에 어떻게 변할지 정말 궁금했던 그들이 지금은 세련된 모습으로 당당히 자신만의 세계를 만들어가고 있는 모습이 대견하고 멋있게 느껴져서 저도 모르게 입가에 웃음이 머금어 집니다.

9번째 푸른이야기 중에서

#3

치유의 광고; 푸른이야기

사람의 마음을 잘 알아야 좋은 인재가 되고,
사람을 잘 배려할 줄 알아야 성공하는 인재가 됩니다.
조직도 사람의 마음을 감동시킬 수 있어야 성장할 수 있고
기업도 진심으로 소비자를 생각하는 마음이 담겨야
성장할 수 있습니다. 포노사피엔스

"광고주의 마음을 읽어내는 치유의 광고디자인"

표아트가 가진 디자인적인 마케팅의 차별성 중 또 하나는 디자인 안의 회사, 그 회사 안의 '사람'까지 본다는 것이다. 표아트는 클라이언트인 우리 회사를 알려고 애를 쓰고 이 회사가 어떤가를 유심히 들여다보면서 공통점을 찾아내고 있었다. 그것이 전부인 줄 알았다. 그런데 그 안에 있는 사람들까지 사랑하는 것이 느껴졌다. 표아트는 사람에 대한 관심이

고객님을 먼저 생각하겠습니다 언제나...
언제든지 찾아주세요 대기중...
사랑합니다
주택 보수 관리 신속하게
처리해 드립니다
기업도 관리해 드립니다
Korea Real Estate Agency
제2의 가족
나도 가족이야
수없이 눈물이 납니다. 그래 나는 참 많은 것을 사랑했구나. 당신의 사랑 잊지 않을게요.

많은 사람이다. 그 관심으로 직원들 각각의 강점까지도 끌어낸다. 덕분에 나 역시도 직원들과 관계가 좋아졌다. 표아트는 나와 직원들, 사람의 성장에 도움을 많이 줬다. _블루아이 대표

신문 광고를 통해 자신의 회사를, 제품을 알리고 싶어하는 많은 대표들을 만난다. 소규모 식품매장부터 중견 기업까지 중국 와서 돈 좀 벌었다는 사람들을 꽤 만났다. 한참 상하이로 들어오는 한국인들이 많았던 시기, 한국에서 들였던 노력의 50%만 해도 200% 실적을 내던 회사들을 주변에서 흔히 볼 수 있었다.

상하이 부동산 신화를 썼던 한국 부동산업체들도 그 중 하나였다. 상하이 유입 교민들은 늘고, 자고 나면 집값은 치솟고, 다들 이 만한 투자처가 없다고 부동산으로 몰려들었다. 하지만 공산주의 중국에서 외국인 신분으로 부동산을 매입하는 것에는 용기가 필요했다. 때문에 이 모든 정보는 신뢰 있는 한국인이 운영하는 부동산업체에서 얻을 수밖에 없었다. 이렇게 부동산업체는 2000년대 초반 대호황을 누렸다.

멈출 줄 모르는 상하이 부동산 시장, 그런 부동산업체에 침체기가 찾아왔다. 외국인에 대한 부동산 정책이 강화되고, 금융위기를 맞게 되고, 사무실에 앉아 있을 틈이 없이 바빴던 직원들이 의자에 딱 붙어 있었다. 사장님들은 애가 탔다. 광고들도 빠져나갔다.

이때 장기 우수 광고주였던 코리아부동산 배양희 대표가 찾아왔다. 광고를 내리려고 왔나 싶었다. 배 대표는 광고해야 할 매물도, 찾는 고객도

당신이 울면 내가 눈물이 납니다
그저 눈물만 흘리는 것 외에는 아무것도 할 수 없었던 때가 많았어요.

자고 나면 10만위안(한화 1800만원)씩 집값이 오르고, 그것도 모자라 계약서에 사인을 하고도 당당히 돈을 더 달라고 요구하는 것을 울며 겨자 먹기로 받아들여야 했던 그 시절, 돈만 있고 배려하는 마음은 없는 정서적 수준이 아주 낮은 집주인들의 횡포로 인해 정말 많은 마음 고생을 했던 시간이었습니다.

눈물 흘리는 것 외에는_12번째 푸른이야기

줄다 보니 어떤 광고를 해야 할지 고민하고 있다고 했다.

"그럼, 글을 써봐요."

바쁜 일이 없었고 광고할 콘텐츠도 마땅히 없던 배대표에게 글을 쓰라고 권했다. 처음에는 글솜씨가 없다며 사양하더니 곧이어 일기를 쓰듯 한 편 한 편 글을 보내오기 시작했다. 그의 글에 그림을 입혔다. 배대표가 글 한 편을 보내주면 며칠 후 한 장의 그림을 보냈다.

한 번은 배 대표가 임신했을 때 고객과 소송까지 갔던 일을 글로 보내왔다. 낯선 땅에서 임신한 엄마가 겪어야 했던 고난의 시간이 고스란히 전해졌다. 그림으로 옮기며 마음이 무거웠다.

"임신한 배를 그리고 손을 모으고 기도하는 모습을 그린 그림을 봤어요. 나를 객관화시켜서 바라보니 눈물을 참을 수 없었습니다. 눈물과 함께 치유가 되고 있는 것이 느껴졌죠. 그리고 그때의 원망이 내 안에서 녹아 들면서, 그 이후부터는 그 사건에 대해서는 두 번 다시 얘기를 꺼내지 않게 됐어요. 마음 안에 쌓였던 상처를 치유하게 된 것이죠."

그림을 그리면서 먹먹했던 나의 마음이 가벼워졌다. 배대표의 오랜 상처도 그림 한 장으로 치유가 됐다. 그의 글과 그림들은 마음을 읽어내는 광고 디자인으로 오랜 기간 이어졌다.

그 후에도 치유의 그림이 됐던 적이 한두 번 있다. 급여를 주기 어려웠던 일화를 글로 보내왔다. 인건비를 빌려야 했던 당시 상황과 퇴사하는 직원들에게 안겼던 상처 등을 떠올리며 쓴 글이었다. 그림 한 장으로 보

당신을 사랑합니다.
나도 사랑해
나 스스로 믿고 사랑할 수 있다면 다른 사람도 믿고 사랑할 수 있습니다. 당신처럼요.

냈다. 힘들고 속상했던 상황이 행복하게 해석돼 치유의 그림이었다며 감사의 마음을 전해왔다.

이렇게 탄생한 〈푸른이야기〉를 46회, 약 2년간 진행했다. 배 대표는 "디자인 안에 사람 있다."라며 광고디자인 하나로 치유와 위로가 될 거라고 한 번도 생각지 못했다며 자신을 객관화해 돌아보는 계기가 된 작품으로 기억한다. 이런 컨셉트의 광고에 직원들도 참여했다. 함께 치유하고 함께 성장해갔다. 때론 광고주의 고객(소비자)의 마음을 읽기 전, 광고주(판매자)의 마음을 치유하는 것이 우선일 때도 있다.

가장 먼저 자신의 브랜드를 사랑해줄 사람,
바로 당신입니다.

[푸른이야기]

꿈꾸는 자에게 주신 신뢰라는 선물_11번째

저는 푸른 꿈을 꿉니다. 사랑이 가득한 푸른 회사를 만드는 꿈을요~, 최근까지 중국 정부의 여러 규제 정책에도 불구하고 치솟던 부동산경기가 한풀 꺾이려고 하는지 매매가계약까지 다 해놓고 정식 계약 전에 한국이나 외국에서 집주인이 계약을 하러 왔는데도 여러 구실을 내세우며 구매자(주로 중국인)가 계약 장소에 나타나지 않고 터무니 없는 요구를 하고 나서서 협의를 보느라 바짝 긴장하며 유쾌하지 못한 몇 주를 보냈습니다.(3건의 매매계약이 해당됨)

집주인들은 대부분 한국 분들이고 저희 회사를 통해 구매하시고 임대까지 관리를 맡기고 한국이나 다른 나라에 돌아가신 고객님들이라 향후에 처리할 다음 과정을 모두 저에게 위탁공증을 하시고 한국으로 또는 다른 나라로 돌아가셨습니다. 얼마나 황당하고 답답하실까~민망해서 얼굴을 들 수가 없었습니다. 중개하는 사람으로서 순조롭게 책임완수를 하지 못한 부분에 대한 자책감으로 더욱 괴로운 시간들을 보내야 했던 몇 주간이었습니다.

그런데 생각지 못한 황당한 상황에도 불구하고 고객님들께서 "어떤 상황이 되더라도 괜찮으니 편하게 협의보세요~ 그리고 저는 배이사가 하라고 하면 그대로 할 테니 좋은 결과 주세요~ 화이팅~." 오히려 저를 위로하고 가셨습니다.

저도 당시에는 중국고객들에 대해 화가 나 있던 터라 그 말씀이 제 맘에 들어오지 않았는데 처리해야 할 문제들에 대해 간절히 기도하는 중 문득 이런 모든 상황을 무능하고 부족한 제게 맡기고 가신 고객님들의 신뢰가 담긴 마음이 갑자기 물밀듯이 밀려와서 너무 감사하다고 고백할 수밖에 없었습니다.

화를 낼 수도 있었는데… 뭐 이렇게 밖에 일 처리를 못 하냐고… 내가 뭐길래~ 오히려 힘들어 할 나를 걱정하시다니~ 힘들어 있던 마음에 새롭게 설 수 있는 힘으로 뭉클하게 다가옵니다. '네~고객님~믿고 맡겨주셔서 고맙습니다. 그만큼 더 책임감 있게 잘할게요~.' 저를 믿고 신뢰하는 고객님들의 마음을 생각하며 최선을 다해 협상을 볼 것이라 굳게 다짐해봅니다. 생각해보니 많은 고객 분들이 집을 판매하게 될 때도 저희 회사에 독자 위탁해서 판매를 합니다. 사실 값을 비싸게 불러 팔아주는 것도 아니고 능력이 뛰어나 빠른 시간 안에 처리해드리는 것도 아닌데 믿고 신뢰하신다고 하시며 모든 것을 다 맡겨주시고 잘 따라주시는 고객님들의 마음이 너무나 고맙게 다가옵니다.

꿈꾸는 자에게는 많은 시련이 있다고 합니다. 저에게도 견디기 힘들었던 고통과 고난이 많았습니다. 그랬기 때문에 나만의 푸른 안식처로 달려가지 않으면 도무지 견뎌낼 수가 없었습니다. 그러나 그렇게 경험한 많은 어려움들 덕에 사랑을 키워가고 신뢰를 키워가는 듯합니다. 오늘도 저는 푸른 고객님들을 생각하며 간절한 마음으로 기도를 해봅니다. "저 때문에 고객님들의 가정에 기쁨이 넘치고, 저 때문에 고객님들의 투자를 잘해서 돈을 많이 벌고, 저 때문에 고객님들께서 복을 더 많이 많이 받게 해 주세요~ 그런 선한 영향력을 끼치는 사람이 되게 해주세요~ 그리고 코리아 부동산과 귀한 시간들을 함께 해주셨던 고객님들과의 아름다운 이야기를 들려주고 나누는 푸른 인생이 되게 해주세요~~~." 오늘도 이렇게 작은 기도로 행복한 하루를 엽니다.

댓글. 이미 푸른 꿈은 아픔만큼 성숙해져 있고 나눔을 통해 성장했음을 발견합니다. 모두가 꿈꾸고픈 그 길을 만들어가는 푸른 회사는 더 많은 사람들과 행복을 함께하고 계시네요. 그 사랑으로 더 높이 날아오를 것을 믿습니다. ^^

집에서 영웅이 되었습니다_17번째

2007년의 어느 날, 미국의 서브프라임의 여파로 부동산경기가 최악이

당신에게 행복을
투자 하겠습니다
성공 투자의 비결은 ACTION입니다. 양희생각

집에서 영웅이 되었습니다_17번째 푸른이야기

었던 그 시기. 눈이 큰 어느 여자 고객님이 당당한 모습으로 문을 열고 들어옵니다. 굳은 결심을 한 듯 〈런헝허빈청〉을 딱 꼬집어 사겠다고 합니다. 남편에게 본때를 보여주겠다며 이번엔 꼭 성공하겠다는 비장한 결심도 합니다. 망설이다 좋은 투자처를 몇 번이나 놓쳐 남편에게 제대로 하는 게 뭐 있냐며 핀잔을 들었다고 합니다. 요번엔 몇 채 추천해 드린 집 중에 하나를 굳은 마음으로 쉽게 결정하십니다. 평방당 15,000위안에 집을 구매하게 되었습니다.

정식계약을 치르고 난 후 대출이니 뭐니 문제가 생기면 생각하기 귀찮으니 부동산에서 모든 것을 알아서 하라며 무거운 숙제를 남기고 가십니다. 당시 대출도 잘 나오지 않고 어려운 시기였지만 그 고객의 엄명에 충실하게 은행을 바꾸어가며 대출도 받고 드디어 방산증을 받았습니다. 그 후 한 번 더 오셔서 가구 일체를 준비해놓고 난 후 또 다른 숙제를 주시며 가십니다. 임대를 놓아야 하니 내 대출금이 얼마인지 알 것이고 임대료는 알아서 결정하고 난 멀리 살아서 다시는 오지 않을 테고 부동산에서 임대도 주고 하자가 생기면 알아서 하라며 쌩~하니 가버리십니다.

역시 믿어주는 주인에 충실한 종의 마음으로 임대 주고 열심히 내 집처럼 관리했습니다. 임대 기간, 2년 동안 두 분의 고객을 맞았던 2009년 어느 날, 그 분이 또다시 굳은 결심을 한 듯 찾아왔습니다.

이제 목표한 금액이 되었으니 팔아야겠다는 것입니다. 더 집값이 오를 테니 좀 더 있으라고 하니 욕심을 버려야 한다며 목표한 금액 33,000위안으로 내놓아 달라며 가셨습니다. 마침 집을 구매할 고객이 있어 성사가 되었습니다. 그 시기는 사실 집 값이 상승하고 있는 중이어서 좀 더

힘든 일이 생기면 나를 찾아_18번째 푸른이야기

기다리거나 욕심을 내면 더 좋은 금액을 받을 수 있음에도 불구하고 결정을 쉽게 내려주셨습니다. 모든 잔금을 받던 날 그동안 고마웠다며 맛있는 케이크를 사오셔서 감사의 마음을 전달합니다. 그동안 남편이 중국에서 번 돈보다 본인이 번 돈이 더 많다고 하하하~웃으시며 좋은 집 잘 사게 해주고 마지막까지 잘 팔아 주어서 고마웠다며 손을 꽉 잡고 깊은 마음을 전하고 가십니다. 이제 곧 한국으로 돌아가게 되신다고 했습니다. 그리고 그동안 남편에게 핀잔들은 그 상황이 역전되어 집에서 영웅이 되었다고 합니다. 하하하~웃으며 돌아가는 그 고객님의 모습이 아직도 기억에 선합니다.

와우~ 멋지다~~ 우리 고객님~~ 실행력 있고 결단력 있고 무엇보다 주어진 상황에 감사할 줄 아는 푸른 고객님~~ 당신의 인생을 응원합니다~ 화이팅~~!!

댓글. 목돈이 없는 사람들에게도 좋은 투자 전략이 있을까요? 상하이에서 빠듯하게 살아가는 저를 비롯한 교민들도 많습니다. 투자는 엄두도 못 내고 어느 땐 하루 하루 살아가는 현실에 한숨이 나오곤 하죠. 적은 금액이라도 장기적인 투자 전략이 있다면 푸른회사님의 고견을 듣고 싶습니다.

힘든 일이 생기면 나를 찾아_18번째

2011년 9월 8일, 홍췐루 〈징팅코리아〉점을 오픈하던 날, 한 고객님이 오픈 축하한다며 찾아오셨습니다. 누구신가 했더니 2004년 집을 구매하신 적이 있던 그 고객님이셨습니다. 오랫동안 연락이 없었는데 어떻게 알고 오셨냐고 여쭈니 "당연히 와봐야지~축하해주고 싶어서 왔어~장해요~정말~." 하시며 칭찬해주십니다. 와우~ 감동~~ 오픈 날이라 바빠서 다음에 다시 개인적으로 만나자고 약속하고 헤어졌습니다.

1주일 전 드디어 그분과의 만남을 가졌습니다. 8년 만에 만나는 만남인데 전혀 어색하지 않고 그저 어린 시절의 나를 알고 있는 동네언니처럼 마음이 편안해집니다. 재잘재잘 10여 년간의 힘들었던 에피소드도 이야기하고 지금의 경제위기 때문에 마음이 괴로운 부분에 대해서도 이야기를 나누었습니다. "앞으로 힘든일 이 생기면 나 찾아~내가 다 들어줄게~."하십니다. 갑자기 눈물이 핑 돕니다~ 애써 마음을 감추고… 손 꼭 잡고 그분 댁까지 가서 집 구경도 해보고 돌아왔습니다.

꼭 다시 한번 만나고 싶었다고 하시며 광고를 통해 회사가 성장하는 모습을 보고 참 기쁘고 잘 되었으면 좋겠다고 몇 번이나 당부하십니다. 돌아오면서 마음에 행복이 가득 스며듭니다. 사랑과 관심이 가득한 만남이었기 때문입니다.

한동안은 하루에 100통도 넘는 전화를 받고 많은 양의 일들을 해야 했기에 이렇게 소중한 만남들을 놓치고 살았는지 모릅니다. 최근 들어 정말 많은 옛 고객님들을 만났습니다. 지나다가 몇 년 만에 만나는 고객님들은 마치 초등학교 때 헤어졌던 친구를 찾는 것 같은 설렘이 생깁니다. 반갑다고 악수하며 서로 기뻐합니다.

그동안 어떻게 지내셨을까? 그때의 그 아이들은 많이 컸겠지? 해맑은 호기심도 생깁니다. 그분들은 철부지 어린애 같던 코리아부동산이 성장해가는 모습을 보고 신기해하고 기특해하십니다. 아마 내가 어려운 상황에도 다시 일어설 수 있는 힘을 어쩌면 그 한 분 한 분의 사랑과 격려 에서 얻는 게 아닐까 하고 생각해봅니다.

얼마 전 한 푸른 고객님께서 써주신 사랑이 담긴 글귀가 생각납니다. "코리아 부동산이 상황이 어려울 때일수록 준비하고 투자하는 모습을 볼 때, 내 일같이 즐겁고 함께 축하하고 싶습니다~." 멀리서도 진심으로 응원해주시는 나의 푸른 고객님들께 이 자리를 빌어 진심으로 감사를 전합니다~ 그리고 고객님~사랑합니다~.

댓글. 고객으로부터의 사랑을 느낄 때 무엇으로도 표현 못할 감사함과 기쁨이 찾아듭니다. 코리아에 푸른고객들이 넘쳐나는 것을 보니 왠지~ 부러움이 밀려듭니다~ 더욱 사랑받는 회사로 더욱 사랑이 넘치는 회사로 성장하길 응원합니다. ^^

답글. 응원해주심에 정말 감사드리구요~ 저희 회사가 마치 갓난 아기일 때 만났던 분들이라 지금 한발 한발 걸으니 쓰러질까 봐 손잡아주시는 것이 아닌가 싶어요.

바람 같은 마음_ 34번째

이른 아침 참으로 오랜만에, 여명 속에 뿌옇게 드러나는 아침 안개를 봅니다.

그런데 왠지, 착 가라앉은 듯한, 착시 속에 마음은 구름 속에 싸여 있는 듯, 수 만 가지의 생각들이 물결처럼 다가옵니다.

바람같은 마음_34번째 푸른이야기

높고 푸른 하늘과, 눈이 부시도록 쏟아지는 아침 햇살, 그리고 금방이라도 강한 소나기를 쏟아낼 것 같은 낮은 잿빛 하늘이 생각나지만,

희미하게 잊혀져가는 옛 사람들, 그리고 이제는 먼 추억으로만 남아있는 사랑하는 사람들이 그립습니다.

이렇게 순간에도, 수만 가지의 생각들이 떠오르는데, 이 바람 같은 마음을 한곳에 머물게 한다는 것이 얼마나 어려운 일이겠습니까?

그럼에도 불구하고 그분은 우리의 수만 가지 생각에 요동치는 바람 같은 마음을 한곳에 머물게 하십니다.

오늘 내가 해야 할 일은, 하늘이 무너지고 땅이 꺼진다 해도, 절대적인 믿음과 신뢰로 그분의 마음에 내 마음을 머물게 하도록 결단하는 것입니다. 따뜻한 사랑과 힘찬 격려를 보냅니다.

_푸른 서포터즈님의 격려편지 중에서

댓글. 내 안에 부는 바람 같은 마음, 바람 같은 생각들을 바람에 띄워 보내고

한 곳에 남아 있는 마음들은 변함없기를 조용히 결단합니다.

아침을 기다리며_40번째

저는 아침에 눈을 떠서 정신이 들면 습관적으로 감사할 3가지를 떠올립니다. 오늘도 새로운 하루를 시작하게 하심에 감사~ 밤새 편안하게 자고난 후 맑은 정신으로 깨게 해주심에 감사~ 옆에 잠자고 있는 아이들을 보며 사랑스런 자녀를 주신 것에 감사~ 18층의 넓은 창을 통해 보여지는

기다림의 끝자락에 서서
아침을 기다립니다~
표 어제의 어두움을 잊게해준 새로운 아침은 당신이 희망이라 들려줍니다. 당신을 응원합니다. ind.

새벽 아침은 짙은 어두움을 깨트리며 희망이라는 모양으로 마음에 스며듭니다. 새로 시작되는 신비로운 아침을 맞으며 많은 생각에 잠기다 두 가지의 삶의 교훈을 가슴에 새겨봅니다.

첫 번째는 인생의 어두움이 존재하지만 우리가 잊지 말아야 할 것은 이 절망의 시간이 지나고 나면 희망을 알리는 아침이 온다는 사실입니다.

사업에도 어두운 시간이 존재합니다. 인생에도 어두운 시간이 존재합니다. 때로는 이 어둠이 왜 엄습하는지를 물어보는 것보다 그저 그 밤을 통과하는 것이 필요한 것 같습니다. 모든 것에 모든 이유가 있는 것은 아니듯 모든 것을 알고 지나는 길만 있는 것은 아닌 것 같습니다. 어떤 밤은 생각보다 깊고 어둡기에 그저 잠잠히 지나는 것이 좋다고 생각이 듭니다. 비록 구름이 잠깐 동안 해의 떠오름을 방해해도 결국 해는 떠오르게 되어 있음을 아니까요.

두 번째는 요즘처럼 깊은 밤을 지날 때는 새벽이 절실히 기다려지지만 서두른다고 해서 아침이 빨리 오지는 않는다는 사실입니다. 중국에서 부동산을 운영하며 몇 차례나 저점과 고점을 경험하며 위기에 처하기도 했습니다. '이제 끝인가… 이제 괜찮아 지는가…이 많은 식구들은 어떻게 하지….' 고민하며 조금이라도 정책의 변화가 있으면 민감하게 새로운 반등을 꿈꾸지만 그것은 여전히 밤을 표현하는 달빛이었고 새벽 여명은 아니었던 것을 봅니다.

누군가가 너희는 가만히 있어 잠잠히 기다리라고 말씀하십니다.

기다림의 자리에서 인내를 배우고

기다림의 자리에서 함께하는 사람들과 힘을 모읍니다.

식당에 가서 음식이 맛없거나, 커피가 식었다고 불평하지 말라. 우리가 살아있다는 사실이야말로 행운이며 엄청나게 희박한 확률이다. 탈레브 생각.

상하이저널 칼럼 일러스트

저는 오늘도 시련의 밤을 지나면서 아침을 기다리는 지혜를 가슴에 새겨봅니다.

서 있는 곳으로부터 시작하라

상하이저널 표병선 이사님의 강의를 듣고

2주간의 교육을 마치고 마지막 토요일 강의다. 강의시간 변경으로 인해 사실 토요일 강의는 가족과 다른 일정이 잡혀 있었다. 며칠의 고민 끝에 마지막 마무리도 잘하고 싶었고, 우리 교육 일정에 계속 함께해주신 표 이사님의 강의도 들어보고 싶었던 터라 "나의 인생, 뜨겁게 키스하라"는 강의를 듣게 되었다.

처음 시작부터 소수의 중국직원을 위해 배려 차 중국어로 양해를 먼저 구한 후 시작된 강의는 그 첫 시작이 따뜻한 배려로 시작되었기 때문인지 나는 줄곧 강의내용에 집중할 수 있었다.

중간중간 열정과 감동으로 주제를 살짝 벗어나기도 했지만, 그 여운과 에너지는 하나로 이어진다.

그저 직장인으로 가장으로 혹은 부모로 열심히 살고 있다고 생각하는 이들에게 뒤통수를 한 대 딱 쳐주시는 그런 자료화면들과 내용으로 강의가 가득 채워졌다.

그 내용 중에 40세쯤 되었을 때 변화와 도전을 선택하기 위하여 스스로 죽는 것만큼의 고통을 이겨내는 130여 일을 이겨내고 40년을 더 살 수 있게 된 솔개의 이야기는 현실에 안주하고 나태하면 퇴보하고, 자신

아직 그 가치가
찾아지지 않은 풀일 뿐
들꽃으로 살다가
들꽃으로 지는것이
우리네 같습니다

당신은 누군가에게 어떤 꽃이되고 싶습니까.

을 갈고 닦을 때 새로운 인생을 살 수 있다는 메시지를 전달하였다.

달리는 속도가 똑같은 가젤과 사자가 마지막 생사를 건 300~500m 질주에서 죽음에 직면한 가젤은 80% 살 수 있지만, 사자는 정말 배가고파 죽을 상태가 되었을 때만 사냥에 성공하게 된다고 한다. 모두가 최고의 노력이 없이는 이길 수 없는 경쟁에 대한 결과를 말씀해주신다.

"나는 공부하고, 결혼하고, 두 아이의 엄마가 되어 적당이 만족하며 살 것인가, 다시 한번 고통과 자기변화를 겪고 남은 인생을 또 다르게 준비할 것인가."

고통을 이겨내고 새롭게 자란 예리한 부리와 발톱을 가진 솔개의 모습과 아시아를 넘어 끊임없이 이동하고 변화하여 유럽까지 정복한 징기스칸을 보면서 나는 내 안에서 해답을 찾아본다. _포동코리아 정수경 매니저

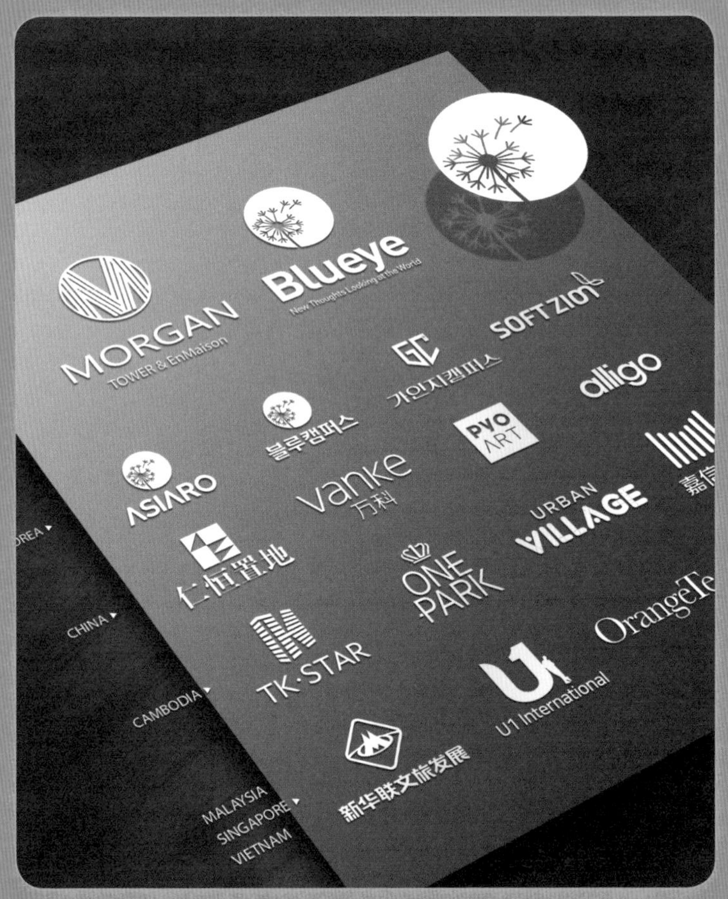

MORGAN Group & Blueye Shanghai Center Logo Wall

#4

'연합'으로 폭풍 성장한 '그 기업'

당신이 어떤 일을 하는데 그것이 상당히 괜찮은 일이라면
거기에 너무 오래 머무르지 말고 다른 놀라운 일을 찾아서
해야 합니다. 다음에 무엇을 할지 생각해내십시오.

NBC Nightly News 중에서

'연합 비즈니스'로 함께 성장

블루아이의 핵심 역량 중 하나는 '하나된 연합'이다. 각기 다른 사람, 업종, 기업들이 함께 협력해 더 큰 하나를 이루는 것이다. '연합 비즈니스'로 역량을 키워가는 블루아이는 검증된 상품가치를 바탕으로 부동산 업계뿐 아니라 여러 협력사들과 함께해 이익을 나누는 B2B 비즈니스 모델을 운영한다. 그리고 그들과 함께 성장한다.

仁恒置地 vanke 万科  alligo 

TK·STAR ONE PARK URBAN VILLAGE 嘉信联行

한국 부동산업계 최초, 중국 대표 부동산개발상 '완커(万科)', '런헝(仁恒)'과 협력

중국 부동산업계에 19년간 종사해온 블루아이는 중국 대표적인 개발상과 프로젝트를 함께 진행하며 신뢰를 쌓아왔다. 2015년 한국계 부동산 업체로는 최초로 상하이 홍차오CBD지역에서 중국 최대 개발상인 '완커(万科)'와 협력했다. 또한 런헝(仁恒)의 유일한 한국 파트너사로 프로젝트를 성공적으로 완수했다.

말레이시아 협력사 '신화롄(新华联)그룹'

홍차오CBD지역 분양사업의 성공을 보여준 블루아이는 중국 업체들로부터 역량을 인정받았다. 중국 부동산 500대 기업 신화롄(新华联) 개발상이 진행하는 말레이시아 조호바루(Johobaru) 프로젝트에 한국 협력사로 참여했다. 동남아시아로 진출하는 첫 사례 역시 성공적으로 이뤄냈고 현재 2기 프로젝트를 진행하고 있다.

캄보디아 프놈펜, 중국 핵심 프로젝트 파트너 '자신(嘉信联行)'

자신(嘉信)은 중국 하이난도(海南岛)에 본사를 두고 광저우(广州), 캄보디아 프놈펜에 지사를 두고 있다. 기업진입전략 연구와 부동산 시장 전문연구와 부동산 마케팅 관리에 관한 연구를 진행하고 있는 기업이다. 현재 캄보디아 프놈펜의 핵심 프로젝트이자 프놈펜의 랜드마크인 '모건타워' 리버뷰 '모건맨션', 핵심상업지구 'TK Star', 병원, 학교 등을 갖춘 프놈펜 최고급 주거아파트 단지 '원파크', 창업센터와 젊은 문화공간 '어반빌리지' 등을 협력 파트너사로 블루아이를 선택해 함께 진행하고 있다.

프놈펜 모건멘션(EnMaison) 프로젝트

이 지역은 프놈펜의 지리적 장점과 가치를 모두 갖추고 있는 프로젝트다.

현재는 쿤밍(昆明 곤명), 주하이(珠海 주해), 후이저우(惠州 혜주), 칭다오(青岛), 꾸이린(桂林 계림)등 중국의 핵심 프로젝트를 함께 진행하고 있는 블루아이의 최고의 파트너사다.

캄보디아 개발상 '모건(Morgan)그룹'

모건그룹은 캄보디아 부동산개발상으로 2008년 설립해 지난 12년 동안 프놈펜에서 걸출한 성과를 이뤄냈다. '혁신적이고 무한한 삶'이라는 기업이념을 바탕으로, 캄보디아 재계 2위인 '캐나디안 그룹'의 사옥을 건설하는 등 그룹사의 메인 프로젝트를 전담해왔다. 캐나디안 그룹은 35년간 통치하고 있는 캄보디아 훈센 총리의 경제자문그룹 중 하나로, 캄보디아 핵심 지역 개발에 참여하고 있다.

모건그룹은 2021년 캄보디아 프로젝트 최고의 파트너사로 블루아이를 선정하기도 했다. 또한 모건그룹의 적극적인 협력으로 블루아이 서울센터(2020)와 상하이센터(2021)가 설립됐고, 연내 프놈펜의 랜드마크로 우뚝 선 모건타워 내 블루아이 캄보디아센터가 들어설 예정이다.

싱가포르 협력사 '오렌지티(Orange Tee)'

오렌지티는 싱가포르 4대 부동산컨설팅 회사 중 하나로, 블루아이 전신인 코리아부동산 창립 시기인 2002년에 설립됐다. 사업 초기부터 IT를 기반으로 운영시스템을 갖췄으며, 2010년대 초 자체 앱을 개발해 오렌지티 에이전트 약 9000명의 영업관리와 지원 시스템을 운영하고 있다. 이

싱가포르 오렌지티(OrangeTee) 교류

블루아이 창립 1주년 기념행사_블루아이 & 아시아로 서울센터

를 통해 아시아 각국에서 맹활약 중인 글로벌 기업이다. 오렌지티가 한국 에이전시 역할을 블루아이가 맡아줄 것을 제안해 현재까지 지속해서 협력관계를 이어가고 있다. 블루아이는 오렌지티의 앞서가는 운영시스템을 벤치마킹하고 있다.

'아시아로(ASIARO)'

한국에 설립된 '아시아로'는 중국의 일대일로(一帶一路)를 넘어 K-Contents, Asia-Contents를 연결, 융합해 블루아이를 아시아 NO.1 해외부동산 브랜드로 세우는 것을 목표로 운영되고 있는 블루아이의 자회사다. 한국의 콘텐츠를 아시아로, 아시아의 콘텐츠를 서로 공유하고 사람-브랜드-기업-지역을 하나로 연결해 성공으로 이끄는 역할을 담당하고 있다.

블루아이 고객들에게 검증된 콘텐츠 '아시아로 총서' 시리즈를 4권까지 출간했다. 한국의 금융, 아시아 부동산 현황, 다양한 초청 세미나 등을 통해 한국으로 복귀하는 교민이나 해외 이주를 희망하는 고객에게 빠르고 바른 정보를 제공하고 관리하는 역할을 하고 있다.

-아시아로 '알리고(alligo)' 플랫폼은 사람과 브랜드를 성공으로 이끄는 미디어 그룹이다. 2020년 상하이디지털 한인타운 플랫폼 운영, 2019년 K-BEAUTY(韩妆世界) 런칭으로 120개 한국화장품 업체의 모바일 화장품 전시관과 상하이 · 광저우국제미용박람회 O2O 모바일 전시관 운용을 담당했다.

-"디지털 영토, 혁신으로 경영하라!" 〈모바일영토〉, "프레임을 바꾸면

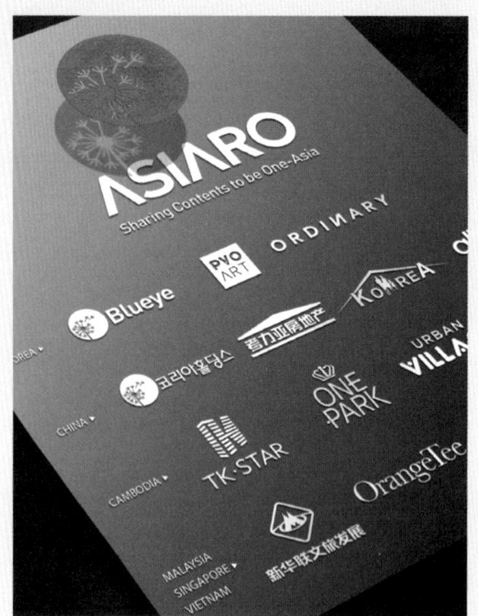

아시아로(ASIARO) 로고

아시아로 서울센터 인테리어 적용디자인

애니방(Anybang) 로고

위챗 샤오청쉬(小程序) 애니방

새로운 아시아가 보인다" 〈노마시안(NOMASIAN)〉의 저자 배양희 대표의 영상콘텐츠 18강, "체질을 알면 미래가 보인다" 〈에이트진(8 Genes)〉의 아시아 라이프스타일 큐레이터 임동구 박사와 영상콘텐츠 12강을 진행하는 등 '아시아로 총서' 시리즈 출간과 함께 다양한 콘텐츠를 생산하고 있다.

언제 어디서나 애니방(Anybang)

'애니방'은 한국 첫 역경매 부동산중개 플랫폼이다. 중국에서는 중국 인구 8억이 사용하고 있는 위챗(WeChat), 그중 4억 명이 넘는 사용자를 보유한 위챗 미니앱 '샤오청쉬(小程序)'를 활용해 모바일 부동산 '애니방'을 운용한다. 블루아이는 이를 통해 지역적으로 제한적이었던 각 도시의 분양 정보를 어느 곳에서나 실시간으로 확인할 수 있는 서비스를 하고 있다.

한국 애니방은 수요자(매수, 임차인)에게는 중개수수료의 50%를 할인하고, 중개사에게는 계약 후 수요자측 중개수수료의 50%만큼 플랫폼 광고비를 후불로 받는다는 점이 가장 큰 특징이다. 중개사들은 온라인 광고 의존도가 높다. 하지만 광고비가 선불이기 때문에 계약을 성사하지 못해도 광고비를 먼저 지출해야 하는 부담을 없앤 것이다.

블루아이가 이룬 '연합'의 실체

'연합'을 한다는 이야기는 사실 "내가 양보할 생각을 하는 것"이 가장

아직도 모르겠니? 네가 돈을 못 버는 이유를?

수많은 중간 관리자들이 더 이상 승진을 하지 못하고 중간 관리자로만 남는 이유는 그들이 아랫사람과 일하는 법은 알면서도 윗사람과 일하는 법은 모르기 때문이다. _부자 아빠 가난한 아빠 중요하다. 일반적으로 협력, 업무협약 등 '연합'을 할 때, 대부분은 우리 회사가 하지 못하는 것을 다른 회사(사람)를 통해 이익을 얻기를 원한다. 그러나 블루아이의 연합 비즈니스에는 단지 자사의 이익만을 위해 그 회사(사람)를 찾았던 적은 한 번도 없었다는 것. 블루아이가 가지고 있는 것이 상대에게 보충되면 잘 될 수 있겠다는 생각이 항상 먼저였다는 것이다.

블루아이의 연합 비즈니스는 "내가 이것을 또는 우리 회사가 이 부분을 도울 수 있을 것 같은데."라는 생각에서 출발했다. 예를 들면 저 사람은 돈을 많이 벌고, 아이템도 굉장히 좋은데 왜 자산을 관리하지 못할까? 그 부분에 전문인 블루아이가, 또는 내가 도와주면 좋겠다! 지금도 정말 잘하고 있는데 비전이나 미션이 없구나! 기술은 좋은데 방향이 없다! 왜 일만 하지? 등등…. '연합'은 이러한 생각에서 출발했다.

그리고 돈을 벌기 위해서 일만 하면 안 되는데! 그러면 너무 힘들 텐데! 그분들이 좀 더 미션과 사명을 갖고 업무를 할 수 있도록 돕는 시스템을 제공해야겠다는 생각으로 '연합'을 구체화시켰다. 블루아이 배양희 대표는 처음에는 책 선물과 편지부터 시작했다고 한다. 2000년 초반에는 한 달에 100권씩 사서 고객들이 오면 베스트셀러 하나씩 선물했고, 그 안에 편지 하나씩 끼워 넣는 일을 많이 했다고 한다. 이렇게 무언가를 주려고 했을 때 그 사람들은 두 배로 더 줬다고 한다. 그 사람(회사)를 돕기 위해 시작했는데 결과적으로는 블루아이가 더 많은 도움을 받았다는 것이다.

그리고 먼저 베풀고 두 배의 결과로 돌아오는 이 과정의 공통점을 찾아보니 이들은 '전문인(전문기업)'이었다. 전문인들은 대부분 기술도 뛰

블루킹(Blue king)으로 한 달에 한번씩 만나 함께 성장했던 리더들

어나고 능력도 뛰어나다. 반면에 블루아이는 자산(경영) 컨설팅 외 전문적으로 잘하는 것이 없었다. 블루아이가 잘하는 것은 이 구슬을 잘 꿰는 일, 그리고 빠른 결정력으로 실행에 옮기는 것이다. 어떻게 보면 경영자로서 제공할 수 있는 것들을 전문인들에게 주고 전문인들은 블루아이에 그들의 능력들을 제공함으로써 '연합'이 잘 이뤄졌다는 것이다.

사업을 하면서 어려움을 겪는 분들이 있다. 혼자 일하거나 1인 기업, 혹은 3인 이하 기업들은 일을 잘한다. 똑똑하니까 잘 해내는 것이다. 그런데 블루아이는 혼자만의 특출한 능력이 없기 때문에 같이 하는 길을 택했다고 한다. 블루아이는 갖춰진 조직이 있어 그들을 도와줄 수 있었다. 인원이 적은 회사들을 보면 예전 '코리아부동산(블루아이의 전신)' 시절의 모습을 보는 것 같기도 해 그런 회사들을 도우려고 했다고 한다. 한때 '블루킹(Blue King)'이라는 이름으로 작은 회사들을 한 달에 한 번씩 만나 컨설팅 하는 것을 진행했다. 이렇게 작은 회사, 1인 회사, 힘든 회사들의 경영자들을 고민을 들어주고 위로하고 행사에 초대하다 보니 어느 순간 가족이 됐고, 그들과 연합해 협력 비즈니스를 하게 됐다는 것이다.

'연합'에서 중요한 3가지

블루아이가 말하는 '연합'에서 가장 중요한 것은 무엇일까.

첫 번째는 한 방향을 바라보는 것이다. 방향이 다른데 연합하기는 굉장히 어려운 일이기 때문이다.

두 번째는 연합에서 기본은 양보다. 누군가는 양보를 해야 연합이 이

사랑의 표현

당신은 사랑을 어떻게 표현 하십니까. ind.

우리는 장미꽃의 아름다움을
칭송하며 꽃을 꺾지만
어쩌면 장미는 좋다면서
왜 시들어 죽게 만드느냐
항변할 지도 모를 일입니다.
나의 사랑하는 마음을
상대방도 똑같이 느낄 때
진심으로 사랑이 통하는 법입니다.
사랑하는 가족을 아끼는 마음으로 한 나의 말과
행동이 온전히 전해졌을지 한번 생각해봅니다.
그저 사랑한다 생각하고 말했을 뿐,
내 가족이 나에게 바라는 사랑은 어떤 것인지
진지하게 고민해보지 않은 나를 발견합니다.
아이가 잘 되기 바라는 마음으로 한 꾸짖음이
아이에겐 그냥 듣기 싫은 꾸짖음은 아니었을지….
내 사랑을 몰라준다 야속해하기 전에
내 사랑의 표현은 과연 적절하고 올바른지
가정의 달, 5월의 문턱에서 생각해봅니다.

글 박진영 / **일러스트** 표병선

루어지는 것이지 '윈윈'이라는 이름으로 둘 다 동일하게 얻으려고 하면 어렵다. 무조건 시소의 한쪽이 기울어야만 연합이 가능하다는 것이다. 기운다는 것은 손해를 보는 것 같지만, 실제로는 기운 쪽에 더 잘해주고 싶은 것이 인지상정이다. 기울어 보이는 것이지 실제 기운 것이 아니라는 것.

세 번째는 '비즈니스'로만 연합하면 안 된다. '일'뿐만이 아니고 가정, 자신의 꿈과 비전 이것들이 함께하는 연합이 되어야만 진정한 연합이 된다. 비즈니스로만 연합된 관계는 장기적으로 지속되기가 어렵다. 그래서 연합은 친구가 되는 것. 그리고 오래가는 가족이 되는 것이다. '연합'하는 사람(회사)들을 '패밀리'라고 부르고 싶은 이유다.

현재 블루아이의 연합 비즈니스는 잘하는 각자가 협력해 더 큰 하나(모두)를 만들고 있지만, 궁극적으로는 '협동조합'이 되는 것이다. 예를 들어 교육, 요식업, 부동산, 여행사, 신문, 의류 등 각자 영역에서 수요가 있을 때 서로 연결하고, 서로를 돕는 것이다. 협동조합에서 남는 이윤 중 일부는 조합의 이익으로도 남기고, 일부는 공익사업도 함께 하는 것이다. 앞으로의 방향이 협동조합 형식이 된다면 코로나보다 더한 것이 온다고 해도 서로를 도울 수 있기 때문에 큰 타격 없이 이겨낼 수 있지 않을까 생각한다.

'연합'에서 필연적인 3가지

블루아이 리더는 연합의 필연적인 3가지를 '회사 내부', '고객', '업종' 등

쇼(show)를 하라!

예전 - 미리 헤아려 알려주는 것이 미덕이었다면,
어이쿠 추워
여보, 아버님 댁에 보일러 놓아 드려야겠어요

현재 - 내 마음을 알도록 힌트를 주는 쇼가 필요한 시대입니다
아무것도 안 나온다!
연속극 옆집 가서 본다!
아들아! 우리 아무것도 필요 없다!

마음 졸이며 기다리고 있다면
먼저 당신의 마음을 사랑하는 이에게 표현하세요.

글 박진영 / **일러스트** 표병선

으로 나눠 설명한다.

첫 번째 회사 내부에서의 연합은 각자 재무팀, 영업팀, 시장개발팀, 계약팀, 임대팀, 미디어팀 등이 따로 있지만 우리는 연합이라는 것을 이루기 위해서 각 팀에 있는 사람들이 흩어져서 '배틀팀'이라는 것을 한다. 회사 전체가 가려고 하는 방향에 조금이라도 도움이 될 수 있도록 배틀팀으로 연합하게 하고 또 연합한 팀이 고정되지 않도록 팀을 바꿔가면서 서로가 서로의 입장을 이해할 수 있도록 하는 방법을 추구하고 있다. 회사 내부에서의 연합이 팀으로도 있고 팀 이외의 연합도 있는 것과 같다.

두 번째 고객들 간의 연합으로 고객들이 직원으로 영입되는 경우가 많다. 또는 고객들이 협력 업체로 많이 들어왔는데 이렇게 만났던 인연들을 소중하게 여겨 그들의 꿈과 비전을 실현해주는 것들을 회사 시스템으로 고객의 꿈과 비전을 실행해주는 것을 진행했다. 고객들이 직원으로 들어온다거나 고객들이 협력업체가 되어 가족처럼 만나기도 한다. 엠베서더(ambassador) 같은 그런 사람들이 블루아이에는 많다.

세 번째는 업종 간의 연합으로 부동산업종이니 부동산 사업하는 사람만 만나는 것이 아니라 전혀 다른 분야인 디자인과의 만남, 호텔사업과의 협력, 부동산개발상과의 협업 등 다양한 파트에서 '연합'해 '하나'로 만들어가는 것이다. 그리고 또 지역과 지역과의 연합도 있다. 상하이와 서울과의 연합, 베트남과 서울과 상하이와의 연합, 톈진과 선전과 상하이의 연합 전선들을 만들어서 다양한 사업들을 해나가는 것이다. 이 과정에서 서로 힘이 되고 전혀 몰랐던 산업이나 업종에서 아이디어도 얻을 수 있게 된다.

2009년 한 해 동안 안녕하셨습니까?

희망하고 꿈꾸는 것만으로는 이뤄지지 않음을 처절하게 배운 한 해입니다.
그로인해 감사의 기쁨을 누리게된 한 해이기도 합니다.
12월, 올해를 접어야 할 때가 왔습니다.
이때쯤이면 마음이 더 조급해지고 어떻게 잘 마무리 할까를 생각하다가
아쉬움은 꼬리를 물고 돌이켜보는 회한에 젖습니다.

박영희 님의 '접기로 한다'는 시를 소개합니다.

요즘 아내가 하는걸 보면
섭섭하기도 하고 괘씸하기도 하지만 접기로 한다.

지폐도 반으로 접어야 호주머니에 넣기 편하고
다 쓴 편지도 접어야 봉투 속에 들어가 전해지듯
두 눈 딱 감기로 한다
……
나는 새도 날개를 접어야 둥지에 들지 않던가.

그랬습니다.
때로는 접어야 살게되는 것을 몰랐습니다.
머리 치켜들고 맞서며 겨루는 것이
도전이며 희망이라 생각했습니다.
한 수 접지 못하고 대쪽 같이 곧기만
한다면 인생은 무척이나 멋없이
뻣뻣하기만 할 것임을 이제야
조금 알것 같습니다.

그래야만 합니다?
감사의 기쁨이
2010년에도 계속 되셔야 합니다.

2009. 12. Shanghai Journal DESIGN CENTER
표병선 드림

사실은 비즈니스를 하는 데 있어 아이디어를 얻는 가장 좋은 방법은 자기의 산업이 아닌 다른 산업에서 배우는 것이다. 다른 산업에서 배우기 위해서는 내가 가지고 있는 생각들을 다 비우고 경청을 해야 가능하다. "상대가 더 잘한다."라는 생각을 가지고 만나면 그들이 말하는 것이 나에게 주는 너무 소중한 지혜로 들린다. 그렇게 느꼈던 것들을 바로 실행에 옮겨 회사가 보다 다이내믹하게 한발 한발 나아가고 있는 것이 아닌가 싶다.

['까오종(高黎)' 일문일답]

중국 기업인과 비즈니스를 잘 하려면 어떻게 하면 되나요?

관계에 있어서 세계관, 인생관, 가치관이 기본이고, 기업이 협력을 하는데 있어서 기업문화와 팀워크는 일종의 검증이며 형제관계는 가족과도 같은 관계인데 다음과 같은 마음가짐이 필요하다.

1 **신뢰의 마음:** 오랜 시간 동안 서로 베푸는 것이며, 서로 간의 일과 그 일에 대한 노력에 대해 많은 관심을 가져야 하고, 어려운 문제를 하나하나 풀어가는 것이 상호간의 신뢰에 대한 초석을 다지는 것이다.

2 **손해 본다는 생각을 하지 않는 마음:** 손해보는 것은 행복이다. 다른 이에게 많은 것을 주고 그 사람을 위해 베푸는 것은 존경과 신뢰를 얻어내는 것이다. 특히 외국기업과의 협력에 있어서 기업간의 차이는 많은 마찰을 만들어내는데, 이 문제를 해결하기 위해서 가장 중요한 것은 상대를 위해 베풀고 보상을 바라지 않으며, 이타주의를 행하는 것이다.

산타보다
선물을 기다리는 아이와

선물보다
산타가 주는 것임을 강조하는 나.

어른이 되기 훨씬 전부터
산타를 믿지 않건만

산타를 기다리던 마음만은
나도 모르게
마음 한 구석에
자리잡고 있었던 걸까.

뜻밖의 선물이
기다려지는 12월 입니다.

글 박진영 / 일러스트 표병선

3 업무 프로세스를 세분화하고 진지하게 임하는 마음: 팀의 롤모델을 만들고 서로의 힘을 합쳐야 한다. 정기적으로 서로의 기업을 방문하고 직원을 상대 기업의 업무현장에 파견하는 것은 팀 구성원 간의 호흡을 맞추는 것, 장점을 취하고 단점을 보완해 서로에게 힘이 되도록 한다.

4 기업간의 발전 전망을 세우는 것: 국가 정책 지원을 이용하며 다방면의 연합을 만들어내야 한다. 시대의 변화에 발맞춰 끊임없이 발전하며, 외국 기업과의 상호 발전과 미래 공간을 촉진하며 국제 시야를 만들고 함께 나아간다.

5 지키는 마음: 상대 기업이 어려움에 처했을 때, 팔을 걷어붙이고 협력 파트너들을 도와주어야 한다. 이것은 하나되게 하고 서로 사랑하고 복을 받게 되는 방법이다.

생각에 여유가 있어야 한다.
나, 나, 나… 오로지 자신으로만 채워지면 해낼 수 없다.
동료와 협력사를 생각해야 한다. 내 꿈이 아니다.
'우리'의 꿈이 회사의 꿈이다.

알리바바 마윈(马云) 회장

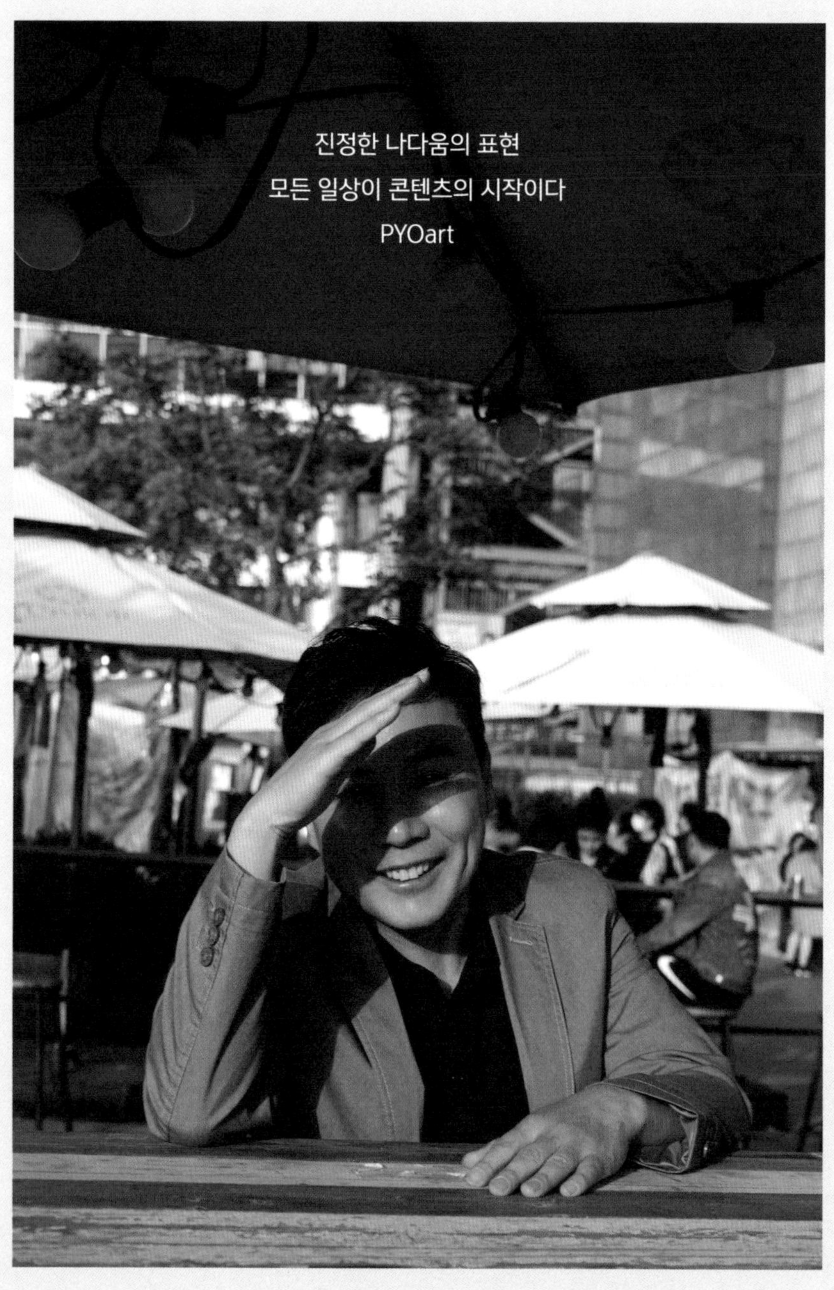
진정한 나다움의 표현
모든 일상이 콘텐츠의 시작이다
PYOart

에필로그

픞아트는 왜
디자인 강의를 하지 않고
사진 강의를 하고 있을까?

상하이에서 사업을 하고 계시는 대표님께서 디자인 마케팅 전문가가 개인 취미 같은 사진 강연하는 것을 보고 픞아트 이미지에 좋지 않을 것 같다는 생각을 하셨단다. 그런데 강의를 들어보시고 매일 반복되는 일상에서 찾을 수 있는 나만의 '미적 감각'과 '예술 감성'을 키워주는 방법을 알려주는 것에 디자인과 전혀 무관하지 않구나 싶었다고 한다. 또 사진을 통해 브랜딩의 의미를 쉽고 재미있게 풀어주는 과정을 보면서 "사진 강의에 다 이유가 있었구나"를 느끼게 됐다는 것이다.

올해 초 시작한 손안에 캠퍼스 '손캠'을 통해 모바일 사진학 강의를 시

"새로운 5월의 신부"

50을 앞에 둔 아내가 우울증에 걸려 있습니다.
아내는 외출도 하지않고,
집 안에 있는 거울들을 다 치우고,
노래도 하지 않고,
더 이상 웃지도 않았습니다.
그날도 아내는
우두커니 발코니에 앉아
창밖의 먼 산들을
하염없이 바라보고 있습니다.
학교에서 돌아온 아들이 엄마에게
막 도착한 편지 하나를 건네줍니다.
발신인도 없는 편지에는
이렇게 씌여 있었습니다.

"당신을 처음 보았을 때
내 눈에 당신은
세상에서 가장 아름다웠소.
지금도 당신은 내 가슴 속에서
날마다 가장 젊고 아름다운
5월의 새 신부라오."

글 김은우 작가 / **일러스트** 표병선

작했다. 가장 잘할 수 있는 디자인이나 브랜딩 강의가 아닌 사진을 선택했다. 남녀노소 누구나 하나씩 손에 장착하고 있는 핸드폰, 언제 어디서나 사용할 수 있고, 한 장의 사진(이미지)에 수많은 이야기를 담아낼 수 있는 사진 강의를 하고 있다. 삶의 모든 행위가 브랜딩 과정임을 자연스럽게 인식할 수 있는 '모바일 사진학' 강의로 상하이(上海), 청도(青岛), 천진(天津)에서 교민들을 만난다.

"누구 한 사람 예외 없이 아름다운 모습을 갖고 있습니다."

강의를 할 때마다 빼놓지 않는 이야기다. 사진 찍히는 것을 싫어하시는 사람들의 공통점은 자신의 모습을 멋있게 찍어주는 사람이 주변에 없다 보니 예쁘지 않게 찍히는 것을 싫어하거나 부담스러워하는 것이다. 나와 내 주변 사람들의 아름다운 모습을 담아내기 위해 사진 실력을 기르는 것은 참으로 유의미하다. 사진뿐 아니라 어떤 분야든 습관적인 반복은 실력을 향상시킨다. 사진이야 말로 일상 속에서 자주 찍다 보면 실력은 당연히 좋아진다. 물론 기본을 익히는 것부터 시작해야 한다. 기본기를 갖추고 실력을 기른 후 나

당신을 기억하는 소중한 사람이 있습니다.

세상에서 가장 좋은 대답^^

달리는 기차 안, 한 소년이 창밖을 내다보며 쉴 새 없이 콧노래를 흥얼거립니다. 소년은 어두움이 내리는 들녘을 바라보면서 잠들지 못하고 들뜬 얼굴로 서성거리다가 창 밖을 내다보며 혼잣말을 합니다.
'어서 아침이 와라, 어서… 아침이….'
소년의 옆자리에 앉아 있던 신사가 소년에게 묻습니다.
"얘야 무슨… 좋은 일이 있는거냐?"
"네, 날이 밝아오면 좋은 일이 일어날 거예요!"
"그게…무슨 일이니?"
"빨리 저 어둔 게 다 사라지고, 빨리 아침이 왔으면 좋겠어요."

아침이 되고 기차가 멈추자 소년이 제일 먼저 기차에서 뛰어 내립니다.
기차에서 내린 소년이 누군가를 향해 힘차게 달려갑니다.
"아빠~~~!"
소년이 누군가와 포옹할 때 소년의 입에서 쉴 새 없이 터져나오는 소리였습니다.

글 김은우 작가 / **일러스트** 표병선

와 내 주변의 아름다운 모습을 발견하고 표현해내는 일, 일상에서 가장 쉽게 배우는 브랜딩 과정이다.

경영은 어떤가. 더 많은 기본기를 익힐 필요가 있다. 예측할 수 없었던 수많은 일들과 기업운영에 맞는 좋은 사람들의 협업이 없이는 성장하는 데 제한적일 수밖에 없다. 그간 잘 알고 있었고, 적용해보고 싶었지만 경제적인 이유와 어떻게 해야 할지 몰라서 그대로 방치해뒀던 치명적인 문제들, 이러한 문제들을 잘 알고 있는 언더백 기업들의 사례를 통해 배우고, 따라 하고, 적용하고, 실전에 활용하는 것이 필요하다. 그동안 성공을 꿈꾸었지만 운이 없어 안 됐던 것이 아니라 브랜드를 만들어가는 과정 중에 잘못하고 있던 것은 무엇인지 지속적으로 체크해야 한다.

모든 회사들이 디자인과 브랜딩 마케팅을 위한 좋은 기획자를 만나길 바란다. 모든 기업들이 핵심가치와 비전들을 그릴 수 있고, 그 비전이 '그리는 대로 이뤄가는' 세상을 향한 열린 마음을 갖길 기도한다. 그 꿈을 한국과 중국을 포함한 새로운 블루오션 아시아에서 그려가기를 희망한다. 그리고 이미 그곳에서 비즈니스 국가대표 선수로 살아가는 모든 이들을 응원한다.

당신이 내 곁에 있다는 이유만으로도 힘이 됩니다. ina.

"포도원에서"

가지 1이

말합니다.

"이렇게 추운 겨울을 몇 차례 지내는 동안에도 우리가 이렇게 죽지 않고 건강하게 잘 사는 것은 다 우리의 대장이신 몸이 있기 때문이야."

가지 2가

손뼉을 치며 말합니다.

"그래, 그래, 우리가 매년 이렇게 아름답고 탐스런 열매를 맺으며 살 수 있는 비결도 다 몸이 우리를 건강하게 지켜주고 보호해주었기 때문이야."

가지 3이

환호성을 지르며 큰 소리로 외칩니다.

"그래, 맞아 맞아. 몸이 있기 때문에 우리가 있고,

우리가 있기 때문에 열매가 있는 거야. 우리 올해에는 작년보다 더

맛있는 열매를 맺어서 우리의 대장을 기쁘게 해 드리자!"

340p 계속

나는 행복한 디자이너이다.

하고 싶은 일을 할 수 있는 것, 좋은 사람들을 만나는 축복을 얻는 것, 책을 펴내는 것, 이 모든 것들은 내게 힘을 주는 사랑하는 사람들의 도움 없이는 불가능한 일이다. 쓰고 싶다는 막연한 생각만으로는 쓰지 못한다. 각자 쓰지 못하는 많은 이유가 있듯 나 역시도 그랬다.

중국에서 디자인과 마케팅을 해오면서 한 장 한 장의 사진처럼 흩어져 있던 경험들을 한데 모았다. 그간 그려왔던 그림들, 써왔던 글씨들을 하나 둘 모았다. 이렇게 모은 기억들에서 새로운 발견을 하게 됐다. 나의 이웃들, 비즈니스 국가대표 선수들이 자갈 밭을 치워내며 걸었던 길을 따라 걷는 시간이었다. 그 길이 성공의 발자취를 남긴 길이기도 했고, 도중에 이정표가 사라진 실패의 길이기도 했다. 나에겐 더없이 소중한 순간이었다.

말과 그림, 사진으로 나를 표현하는 것에 길들여진 사람이 글로 생각을 풀어낸다는 것은 쉬운 일이 아니다. '책쓰는 브랜딩 마케터'가 될 수 있도록 서툰 문장에 힘을 불어 넣어주고, 중국에서의 디자인 · 브랜딩 마케팅 경험을 책으로 나누겠다는 일념으로 시작한 일에 '그릴 수 있어야 기업이다' 네이밍까지 해준 상하이저널 고수미 국장님에게 감사를 전한다.

때로는 멘토로, 때로는 친구로 가장 큰 힘이 되어주고 함께 걷는 걸음이 아름다운 것임을 보여주고 계신 블루아이(Blueye)그룹 가족들과 배양희 대표님, 이경섭 부사장님, 아시아로 대표 정운성 형님께도 더없는 고마움을 전한다.

가지 4가 모두에게 면박을 주며 비웃는 소리로 말합니다.
"웃기는 소리 작작해, 우리가 없는 몸은 존재할 가치도 없는거야.
게다가 우리가 아름다운 이파리를 열매를 맺지 않으면
그 몸이 무슨 영광을 입을 수 있겠어? 다 우리 때문에 몸이 덕을 보는 거지."

포도원에 봄이 오자 농부가 연장을 들고 나타납니다.
이 가지, 저 가지를 살피던 농부가 꼬일대로 꼬여 비틀린 가지 하나를
단 번에 잘라 불 속에 던져버립니다.

포도는 가지 끝에서 돋아나는 새 순에 물이 오르고, 순이 실해지면서, 그곳에 열매가 달립니다. 포도는 우리 몸에 꼭 필요한 영양소를 공급하는, 귀한 생명의 열매입니다.
우리 모두 다른 사람의 생명을 위해, 맛있고 물 좋은 감사의 열매를 맺는 한 해가 되기를 소원합시다!!

다른 사람이 먹지 못하는 열매는 본인에게도 만족이 없는 것입니다.

당신에게 필요한 것은 영양분이 아니라 마음입니다 요.

글 김은우 작가 / **일러스트** 표병선

하나밖에 없는 아들이 자신의 꿈을 찾기 위해 중국으로 온지 17년 동안 마땅히 해야 할 기본적인 도리조차 하지 못했던 사이 팔순이 되신 사랑하는 엄마 이수연 님과 아들의 몫까지 사랑해주고 계시는 이모님들과 휴일도 없이 늦게 귀가해도 언제나 친구가 되어준 Marie 사장이자 아내 최선경과 늘 바쁜 아빠를 이해해주고 응원해주는 아들 석우와 딸 지우에게 더 큰 사랑을 보낸다.

가장 가까운 곳에서 삶을 함께 그려내고, 상하이 한인사회의 생활의 다리, 정보의 다리, 좋은 만남의 다리가 되어 22년을 한 길을 걷고 계신 상하이저널 오명 대표님을 비롯해 박승호 부사장님, 고수미 국장님, 류미란 부장님, 디자이너 샹펑…. 여러분이 계셔서 행복합니다.

이 모든 영광 주님께 드립니다. _주님의 디자이너 '주디'

"당신이 있기에 내가 있습니다"

상하이 7080 LOVE 콘서트 심볼디자인

당신은 나에게 언제나 새로운 날입니다.

나는 힘이 센 강자도, 두뇌가 뛰어난 천재도 아닙니다.

단지 매일 매일을 새롭게 변화하려고 노력했습니다.

빌 게이츠 변화(Change)에서 기회(Chance)가 된다.

나는 좋은 리더인가?

진단 테스트 123

첫번째. 나에게 적용해보세요.
두번째. 팀원들에게 나를 평가해 달라고 해보세요. 용기가 필요합니다.

1	2	3	
☐	☐	☐	고객의 소리를 듣고 바로 개선하는가?
☐	☐	☐	직원(팀)들의 의견을 경청하고 바로 실행하는가?
☐	☐	☐	직원(팀)들이 나를 존경 혹은 사랑하고 있다고 생각하는가?
☐	☐	☐	나보다 더 뛰어난 직원(팀)이 있음을 인정하는가?
☐	☐	☐	회사의 꿈과 비전이 있는가?
☐	☐	☐	회사의 비전을 직원들과 공유하는가?
☐	☐	☐	회사는 직원들의 업무 향상을 위한 자체 프로그램이 있는가?
☐	☐	☐	나는 주기적으로 직원(팀)들과 피드백을 하는가?
☐	☐	☐	나의 경영 철학은 일관성을 유지하고 있는가?
☐	☐	☐	나의 업무를 모든 직원(팀)에게 위임할 수 있는가?
☐	☐	☐	나는 한 달에 두 권 이상 책을 읽는가?
☐	☐	☐	나는 업무 외에 배우고 있는 것이 있는가?

※팀원들이 평가해준 점수에 곱하기 X3을 해주세요.

- 90점이상 훌륭한 리더십니다. 쉬어가면서 일하세요 ^^
- 80점이상 정말 잘하고 계십니다. 비즈니스 국가대표 존경합니다.
- 70점이상 잘하고 계세요. 사랑합니다 대표님
- 60점이상 분발하시면 멋진 결과가 있습니다.
- 50점이상 말 안 해도 아시겠죠. ^^
- 50점이하 대표님 자신을 돌아보세요.

내가 나를 평가할 때와 직원(팀)들이
나를 평가할 때 얼마나 차이가 있을까요?
내가 잘하는 것과 못하는 것을
객관화 시켜서 보완해나가면 좋을 것 같아요.
이 온도 차이가 줄어들수록 멋진 리더입니다!